100歳まで泳ぐための

大人のやさしい水泳教室

生涯水泳指導員
森哲也・著

動画つき決定版！

朝日新聞出版

はじめに

はじめまして、生涯水泳指導員の森哲也です。

子どもからご高齢の方まで、性別問わず、幅広い年齢層に水泳を指導させていただいて、すでに20年以上がたちます。しかし、指導をはじめた当初、自分には大きな弱点があることに気づいたのです。それは「溺れられない」こと。

0歳から22歳まで水泳を続けてきたため、私は人生で泳げなかったことはありませんでした。そのため「泳げない人の気持ち」がわからなかったのです。指導にあたりながら「なぜ泳げないのか?」の答えを追究しながら「カナヅチの哲学」を学び、知識や体験を蓄積し続けてきました。

こうしてたどりついたのが「水の中で自由に動けるようにな

ること」を目的とした水泳指導です。これができれば、クロールや背泳ぎ、そして平泳ぎやバタフライも、すぐに泳げるようになると考えています。

水の中で自由に動くには、まずは水の世界を知っていただきたい――そのうえで、どのようなことを意識すれば、ゆっくり、楽に、長く泳ぐことができるのか。4泳法のそのコツを、〝大人の水泳〟を楽しむ方に広くお伝えしたい、という思いで今回本書を出版することになったのです。

「私にかかわる人には、100歳まで水泳を楽しみ、健康でいてもらいたい」。これはレッスンに際していつも抱く思いです。プールレッスンでお会いする70代以降の方たちは、みなさん本当に楽しそうに、「プールの中だと、体が自由に動かせるから幸せ」と言い、気持ちよさそうに泳いでいます。

気持ちよ～くスイスイ泳ぎたい――本書が、そんなみなさんのお役に立てばうれしいです。

ぜんそくの改善

水圧が胸にかかるので、呼吸で使う筋肉がよく動き心肺機能が向上。発作が起こりにくくなります。

冷え性の改善

上半身よりも下半身に高い圧力がかかり血流が改善。全身のめぐりがよくなり、内側からポカポカ！

つの健康効果

ストレス解消

泳ぐことで幸せホルモンのセロトニンが出るので、心が落ち着きリラックス効果は絶大！

脳の発達

陸上にはない五感の働きや、泳ぐときのリズミカルな動作が脳へのよい刺激になります。

風邪予防

水中で体温を一定に保とうと、体内で熱をつくり出すことで免疫力アップ。風邪知らずに！

肩こり改善

腕を大きく回す動作をするので、肩まわりや背中の血行が改善し、肩こりが解消します。

水泳で得られる8

筋肉の柔軟性がUP

浮力により筋肉の緊張がとれ、関節の可動域が広がり、体の柔軟性が高まります。

体幹が強くなり姿勢が改善

陸上より抵抗が大きいので、泳ぐだけで効率よく筋力アップ。体幹が強化され姿勢もよくなります。

CONTENTS

CONTENTS

水泳動画を見るには

動画でチェック！ というアイコンが入っているページは、
誌面で紹介している泳ぎ方を動画で見ることができます。

誌面の解説をお読みいただいたうえで、リアルな泳ぎを確認してください。
動画では、誌面で取り上げた正しい泳ぎ方のあとに、
NGな泳ぎ方も収録していますのでお役立てください。

1 カメラアプリまたは、二次元コード認証アプリを立ち上げ（お持ちでない場合はダウンロードしてください）、二次元コードを読み取ります。

2 リンク先の動画を再生し、視聴します。

※動画ならびに動画掲載ページは、予告なく変更および中止する場合がございます。
あらかじめご了承ください。
※機種によっては動画を再生できないこともあります。

PART 1

水の世界を知る

ゆったり楽に泳ぐために水と陸の世界の違いを知ろう

水泳に興味があるけれどカナヅチだから……そう言い、水泳の世界に飛び込まない方がいます。しかし、こうした方の真の悩みは、泳ぎそのものにはないことが多いのです。たとえば、息が吸えないから水が怖い、または水をどう扱っていいかわからないなど。

パート1では、泳ぎ方の前にまずみなさんに知っていただきたい水の世界をみていきます。そのうえで、水の抵抗の減らし方、水中での体の浮かし方や動かし方、呼吸に関することを解説します。

水中の世界は、私たちが生活している陸上の世界と何が違うのでしょうか?

・水に入ると体が軽くなります
・水圧で肺が押されるから、呼吸数は増えます

・体の表面と水との間で摩擦が起こるので、陸上のようには動けません
・視覚や聴覚は制限されます

これらは、水の特性から生じることです。
陸上で速く走るためには地面を強く蹴らなければいけないと知っていますよね。でも、水中ではただ蹴っても水を切るだけでなかなか前に進めません。また、水泳では腹式呼吸が基本なのですが、水圧で肺が押されるため、胸式呼吸ではスムーズな呼吸ができないからです。こうした泳法に関することも、水の特性を知ることで理解が深まると思うのです。

水泳の究極の目的は、水中で体を自由自在に動かせるようになること。それができれば、４泳法すべてを泳げるようになりたい、きれいに泳ぎたい、疲れず長く泳ぎたいなど、みなさんひとりひとりの目標も叶うのです。

〔水の世界〕

圧力で肺が小さくなり
呼吸数は増える！

立っているだけでも圧力（水圧）がかかります。肺は小さくなるので1回の呼吸で吸い込む酸素量も減少。できるだけ多くの息を吸い込もうとするので呼吸数は増加。

水に入ると体は軽〜い
関節にもやさしい環境に

これは浮力によるもの。空気の入った肺が浮き袋となって体が浮きます。肩までつかると体重はなんと1／10に！　関節への負担も少なくなります。

〔陸の世界〕

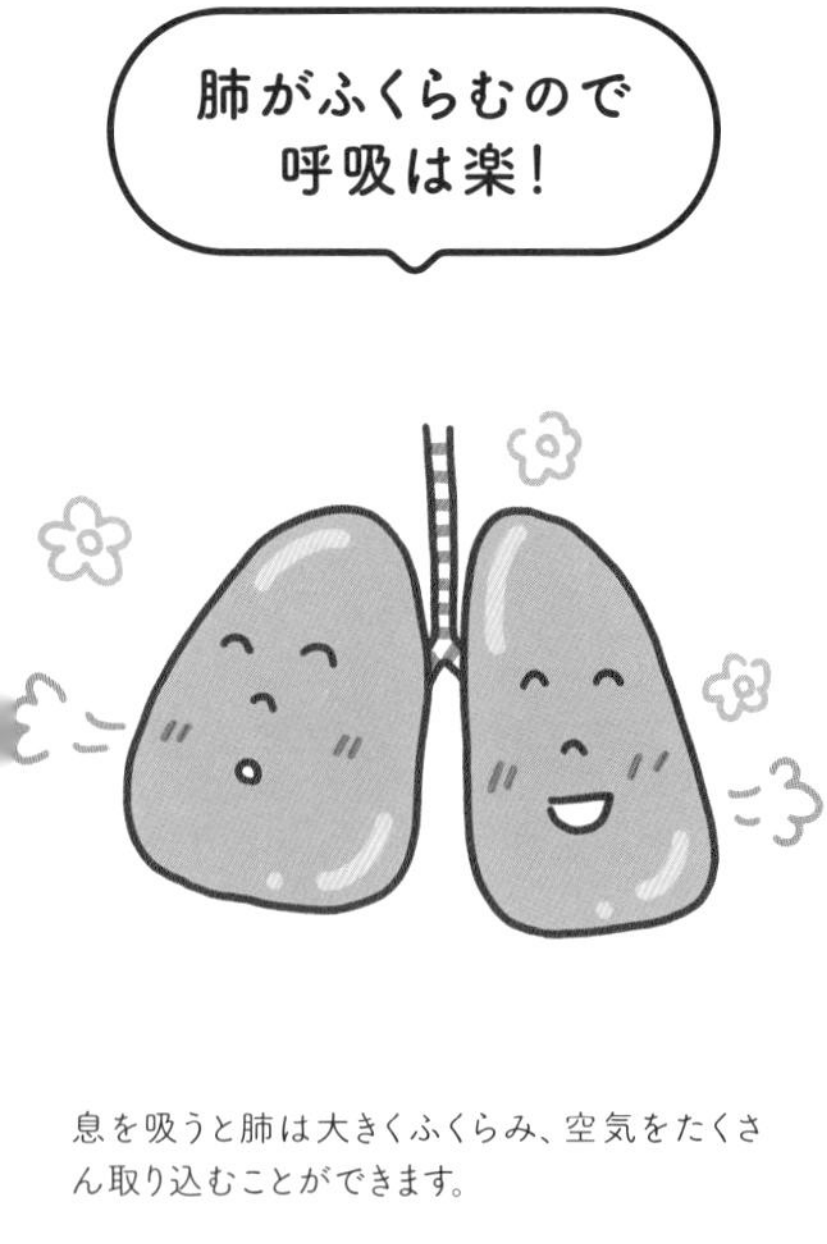
肺がふくらむので
呼吸は楽！

息を吸うと肺は大きくふくらみ、空気をたくさん取り込むことができます。

体重分の負荷が
関節にかかる！

歩いたり走ったりするときは、関節に体重の何倍もの負担がかかります。

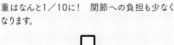

**視覚や聴覚が制限され
恐怖心も生まれる**

視野が狭くなり、音もよく聞こえなくなります。水温で体が冷えると不安を感じやすくなるなど心理面への影響もあります。

**摩擦が生じるので
動きづらい！**

体の表面と水との間には摩擦が生じ、動けば水がまとわりつきます。すばやく動こうとすればするほど重く感じ、陸上のようには動けません。

**水中のような五感への
影響はありません！**

普段どおりの生活では、水中のように五感が制限されることは少ないはずです。

**空気は軽いので
すばやく動ける！**

空気との間で摩擦は生じますが、水中のように抵抗を感じることはありません。

水の抵抗を減らす ①

- 泳ぐ姿勢は流線形（ストリームライン）にして、水の抵抗を少なくする
- 流線形を保つことで、より小さな力で前に進むことができる

水の抵抗が少ない

水中を高速でスイスイ進む魚は、流線形をしています。

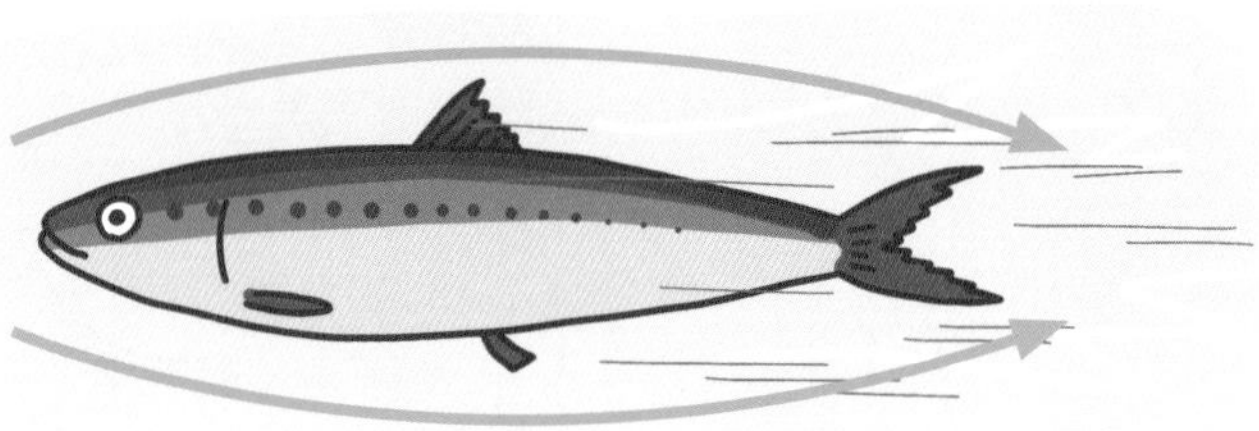

水面に対して水平に保たれた細長い姿勢で！

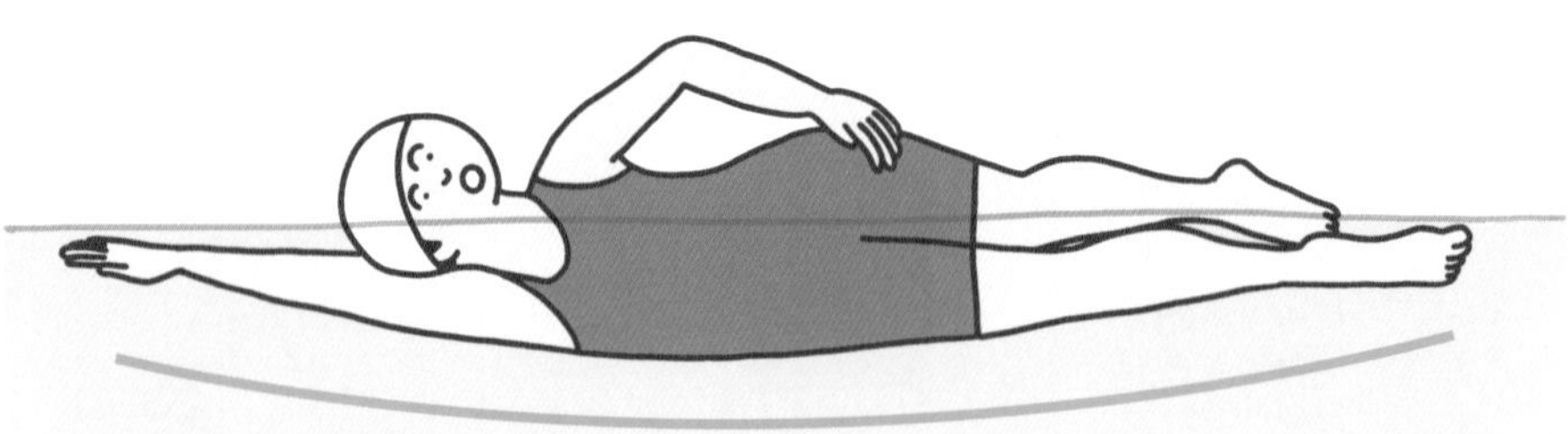

両手を交互に回すクロールでは、体を傾けた際に水中に入っている体半分が流線形になっています。

流線形の姿勢は疲れない泳ぎの基本

　正面から見たときの体の面積が狭いほど水の抵抗が小さくなる！　これは初心者のみなさんに知っておいていただきたい水中の法則のひとつです。下図だと一番左の姿勢。つまりこれが流線形の姿勢になるんです。水の抵抗が小さいので余計な力は必要ありません。楽に進めるので疲れにくい！　クロールを泳ぐときはこの姿勢をキープするのが基本です。
　反対に抵抗が大きい泳ぎとはどのような泳ぎ？　たとえば、下半身が沈む、左右に大きく揺れる、上下の動きが大きいなど。こうした泳ぎ方だと、余計な体力や筋力を使うのですぐに疲れます。

水の抵抗

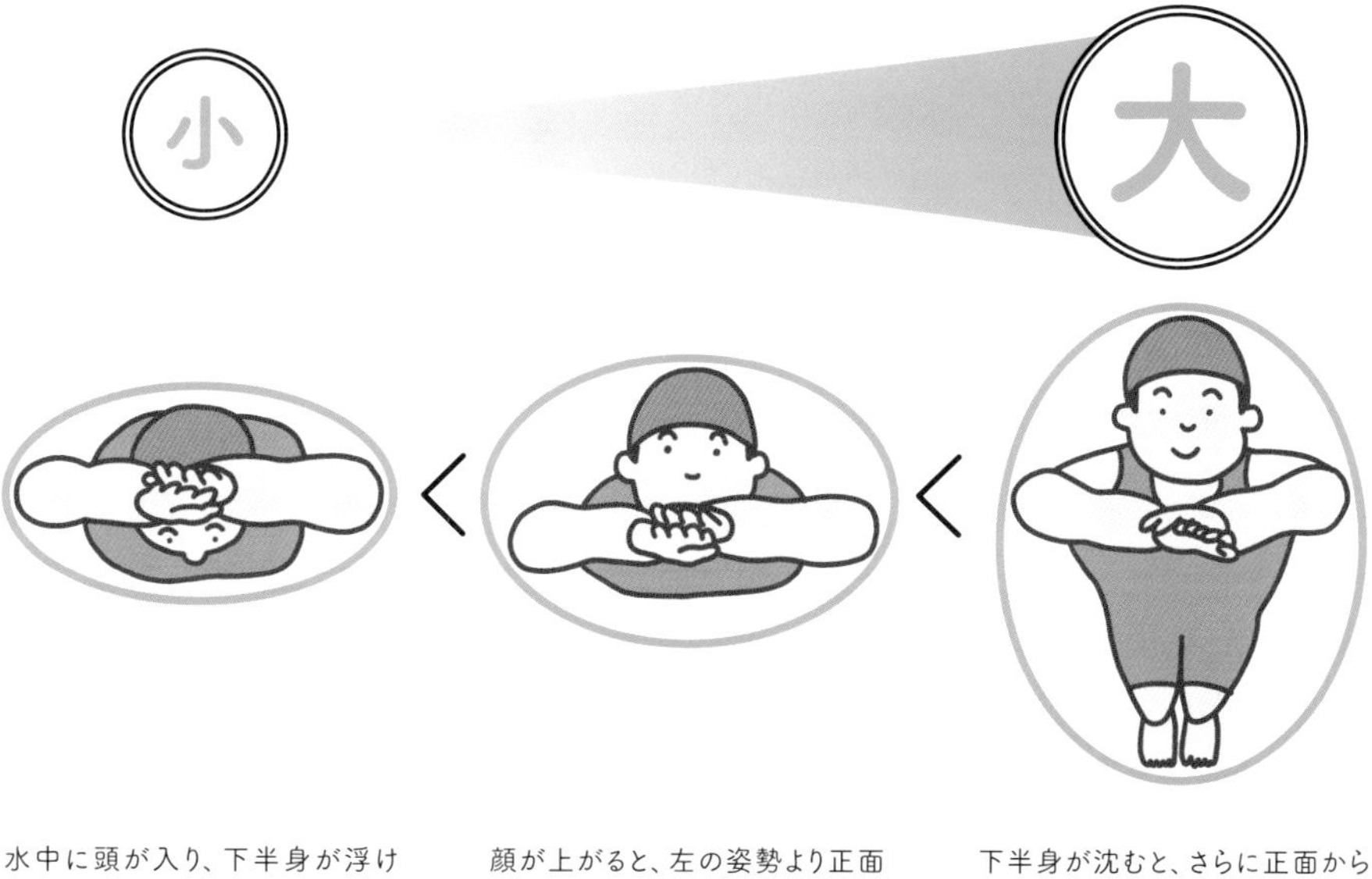

水中に頭が入り、下半身が浮けば正面から見た体面積は小さく、水の抵抗がより少なくなります。

顔が上がると、左の姿勢より正面から見た体面積が広くなり、水の抵抗が増えます。

下半身が沈むと、さらに正面から見た体面積は広くなるのがわかります。水の抵抗もアップ！

水の抵抗を減らす❷

- 蹴伸びでプールの壁を蹴るときは、力加減を調節して水の抵抗を減らす
- 「ジャンプ壁蹴り」ではなく、ひざを伸ばすだけの「背伸び壁蹴り」で

背伸び壁蹴り

OK

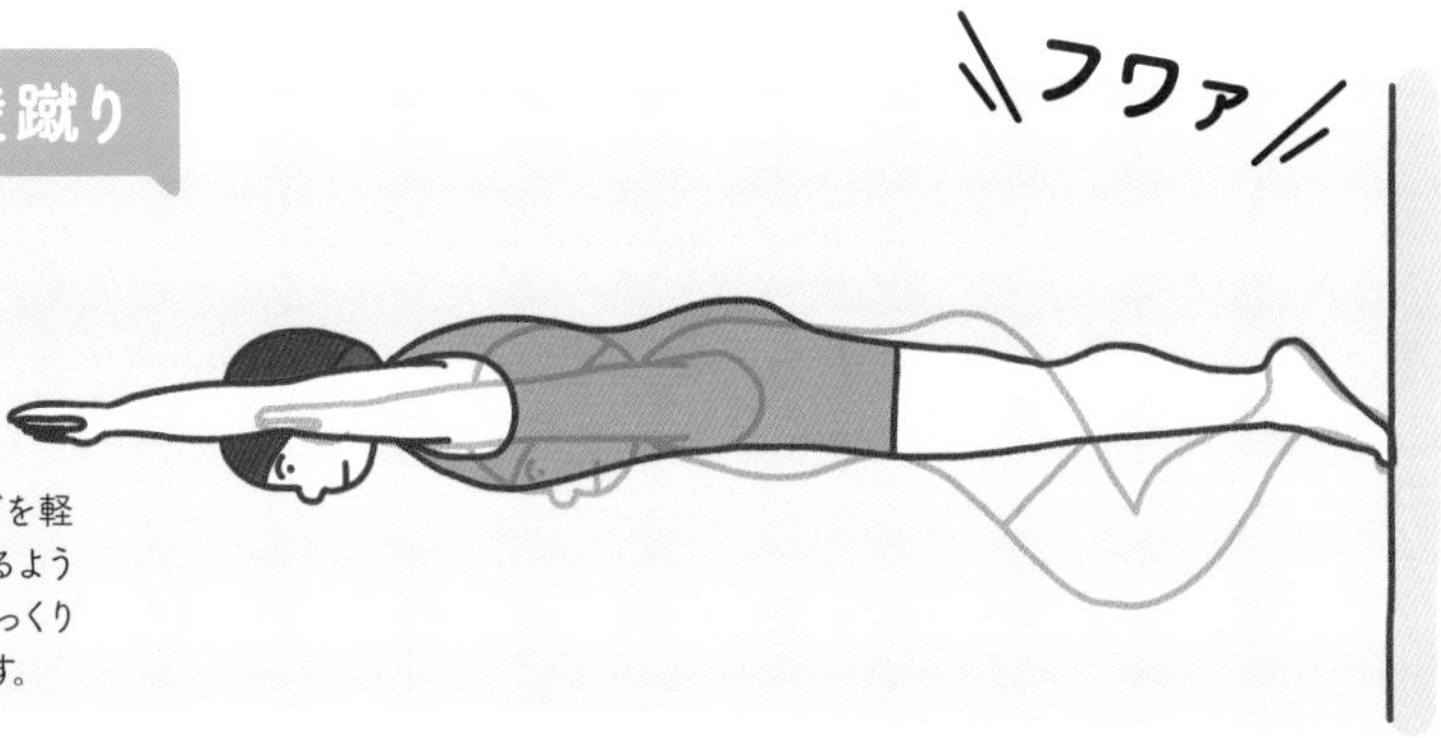

壁を蹴るときは、ひざを軽く曲げ、背伸びをするような感じで、壁からゆっくり足先を離していきます。

ジャンプ壁蹴り

NG

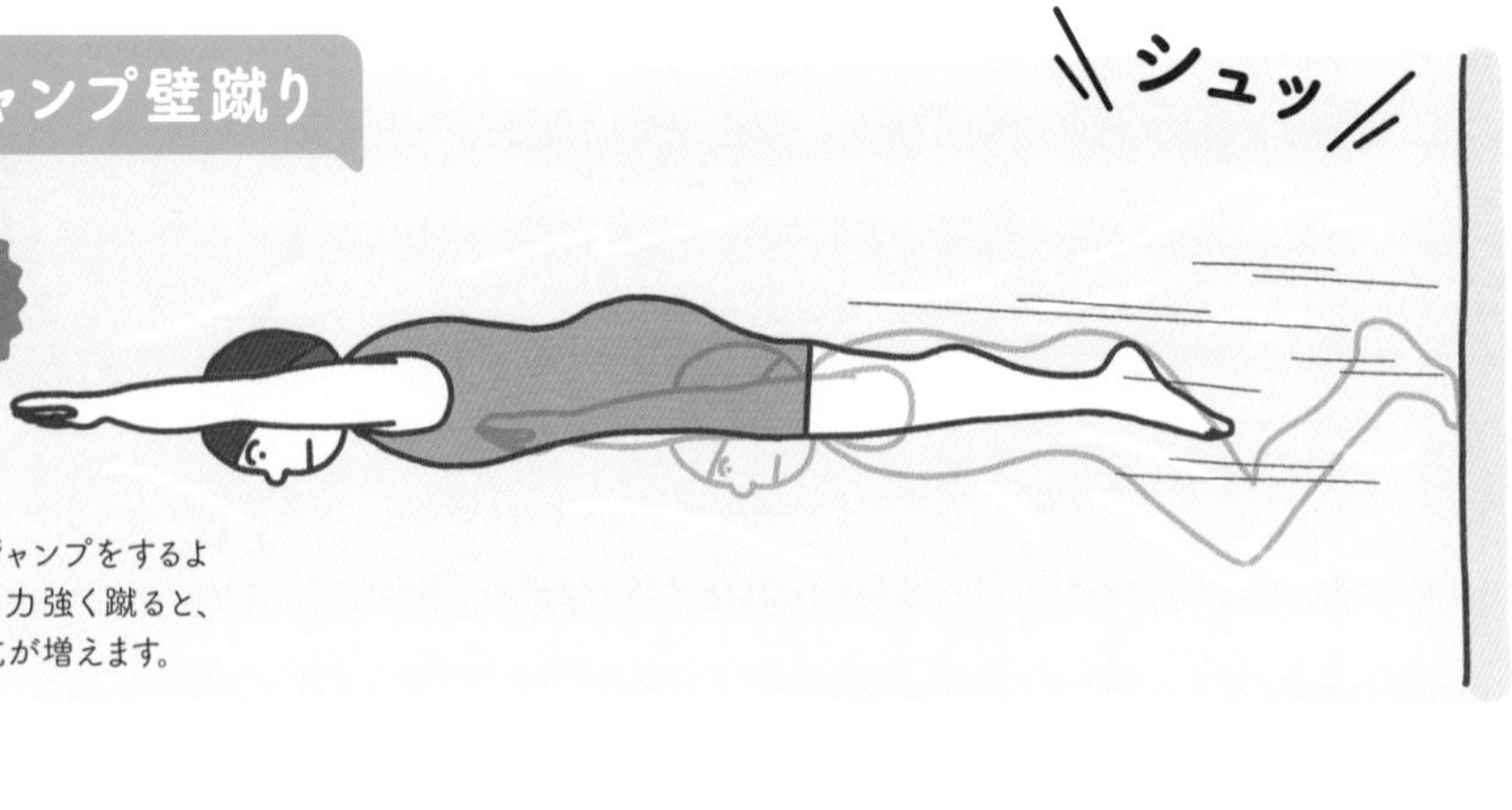

陸上でジャンプをするように壁を力強く蹴ると、水の抵抗が増えます。

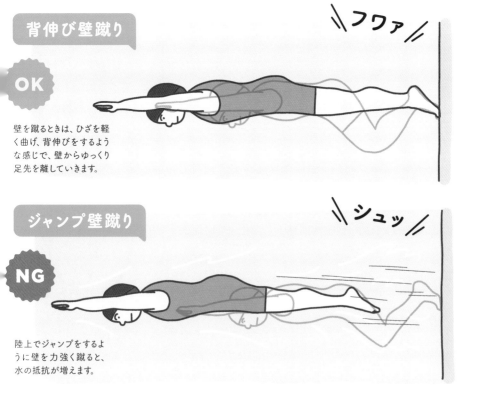

壁は全力で蹴らない！ 背伸び壁蹴り疲れ知らず

初心者を指導しているときによく感じるのは、蹴伸びやターンの際に、強く蹴り過ぎる傾向があるということ。みなさんは陸上でジャンプするように強く蹴っていませんか？

正解は、右ページのように背伸びするように壁を押す「背伸び壁蹴り」です！ 「ジャンプ壁蹴り」のように強く蹴ると速度が上がり、水の抵抗がアップ。でも、やさしく押すように蹴ればそれだけ水の抵抗も少なくなり、疲れにくくなります。

水泳練習では何回も繰り返してプールの壁を蹴りますよね。ぜひ「背伸び壁蹴り」で省エネを！

背伸び壁蹴りは疲れにくい

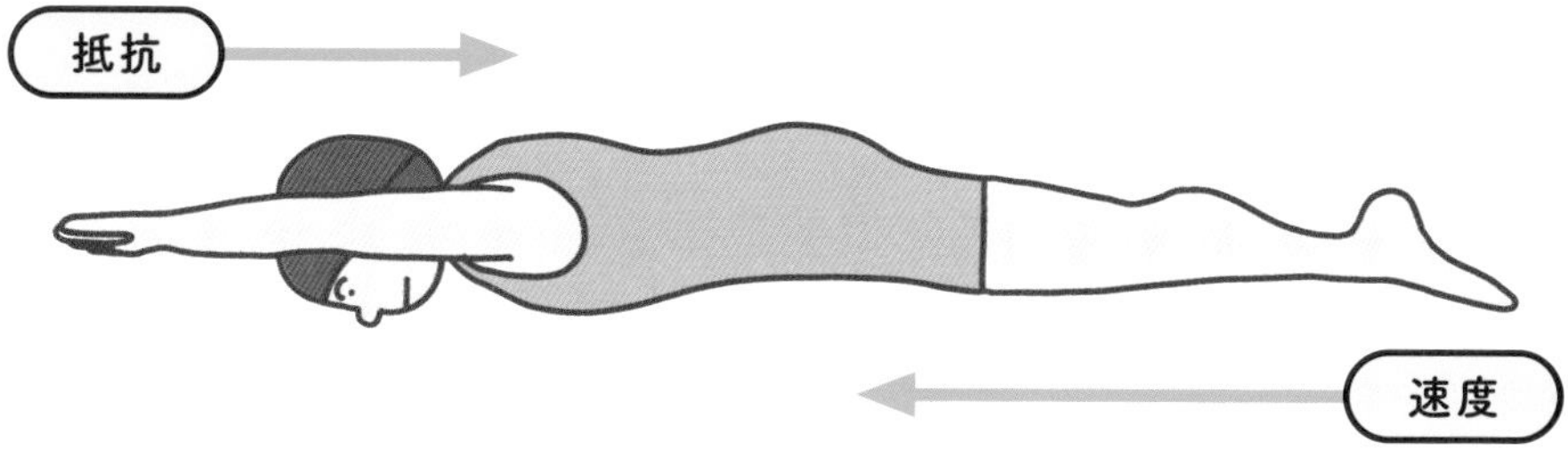
抵抗
速度

ジャンプ壁蹴りは疲れる

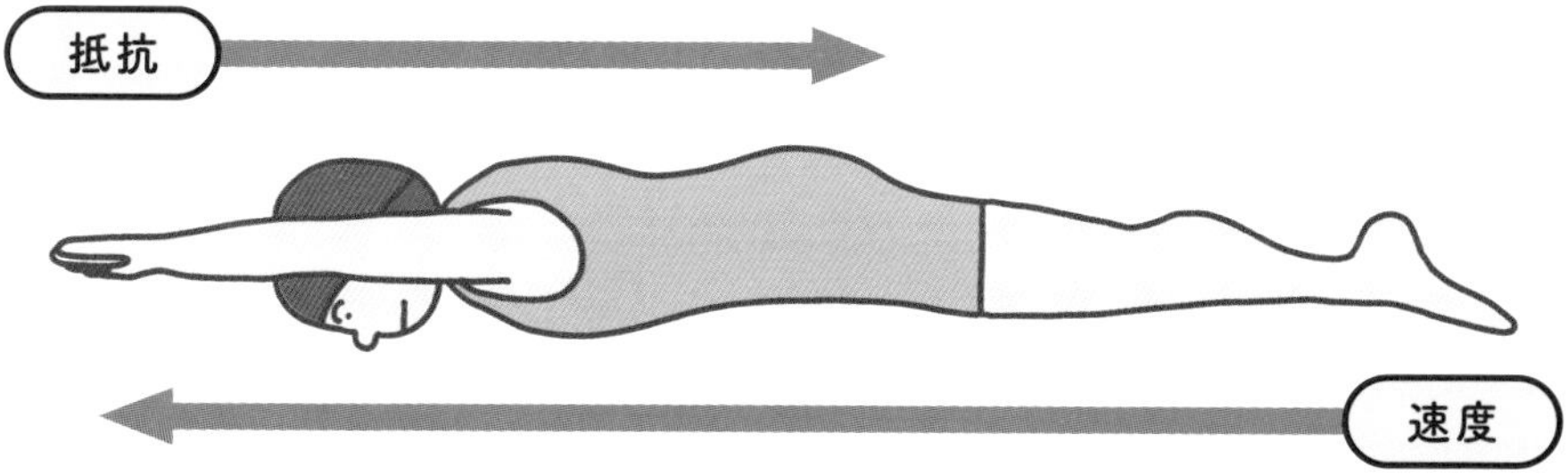
抵抗
速度

イルカに押されると
水の抵抗が
よくわかるよ

水中での呼吸

- 水泳の呼吸の基本は、鼻から吐いて口から吸う「ブクブク〜プワァ〜」
- 「吸う」より「吐く」を意識して。力を抜けば自然と吐ける！

ブクブク〜と鼻から
息を吐く
プワァ〜と口から
たくさん吸い込む

イラストはボビングといわれる呼吸の練習。水中に潜る↔ジャンプして水面に顔をだすを交互に行いながら、「ブクブク〜（水中で鼻から息を吐く）」「プワァ〜（口から息を吸う）」と呼吸を繰り返してみましょう。

力を抜いたら息が吐ける！ この感覚を覚えよう

水中での呼吸は、鼻から吐いて、口から吸います。息が苦しくなる原因で多いのは、しっかり息を吐けていないこと。体に力が入ると息が吐きにくくなります。ためしに、全身に力を入れて息を吐いてみると……うまく吐けませんよね。初心者は、水への恐怖心や新しい動作の習得で体に力が入るので、息が吐けなくなるのです。

では、息を吐くためのコツは？ 脱力です。下図の「くらげ浮き」はそのためのレッスンです。無理に息を吐くのではなく、吐けてしまっている……これができるようにしたいですね。

くらげ浮きの練習をしよう

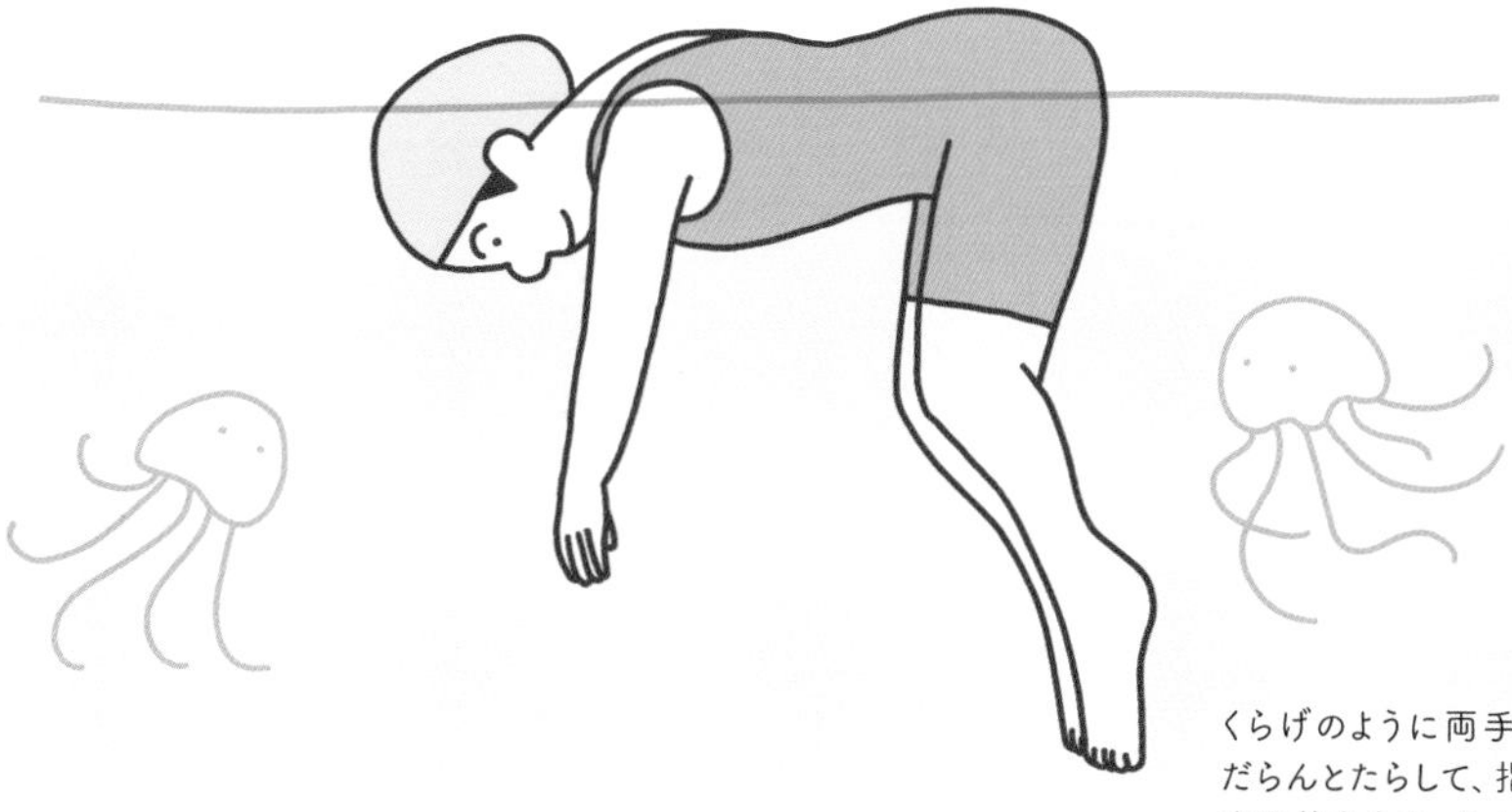

くらげのように両手両足をだらんとたらして、指先まで力を抜きます。ふわふわと水に浮きながら、息を吐きましょう。

温泉につかったときのように
リラックスして
息を吐くのをイメージして

浮かぶ姿勢

- 体を浮かす水平姿勢をとるには、プランク姿勢をイメージする
- 丹田《たんでん》（重心）をみぞおちに近づけると理想の姿勢に

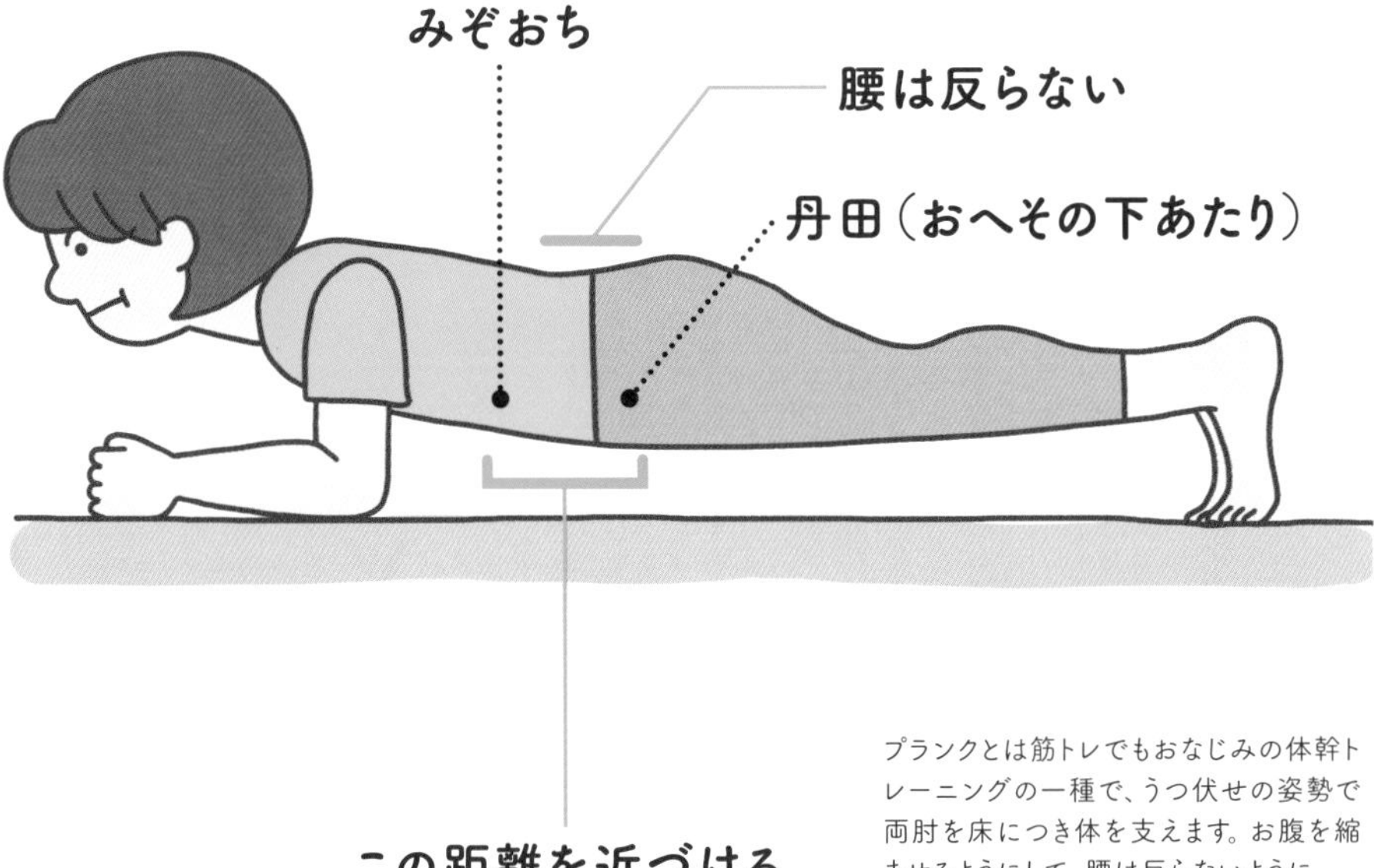

みぞおち
腰は反らない
丹田（おへその下あたり）
この距離を近づける

プランクとは筋トレでもおなじみの体幹トレーニングの一種で、うつ伏せの姿勢で両肘を床につき体を支えます。お腹を縮ませるようにして、腰は反らないように。

水平姿勢のコツはお腹をしっかり使うこと

水中で一番抵抗を受けないのが、水面に対して水平姿勢を維持することです。背中が反ると腰が沈んだり、下半身が沈んだり……悪い姿勢になります。これは16ページでも解説しましたね。

指導ではよく「骨盤後傾を意識して」といいますが、右ページのようなプランク姿勢を意識すると自然と骨盤後傾の姿勢になります。

プランク姿勢を陸上でとれるか練習してみましょう。みぞおちと丹田の距離を縮めるようにするのがコツ。

下半身が沈んだり、背中が反ったりするのはお腹に力が入っていない証拠です。

水平姿勢が苦手な人はこうなる！

腰が沈む

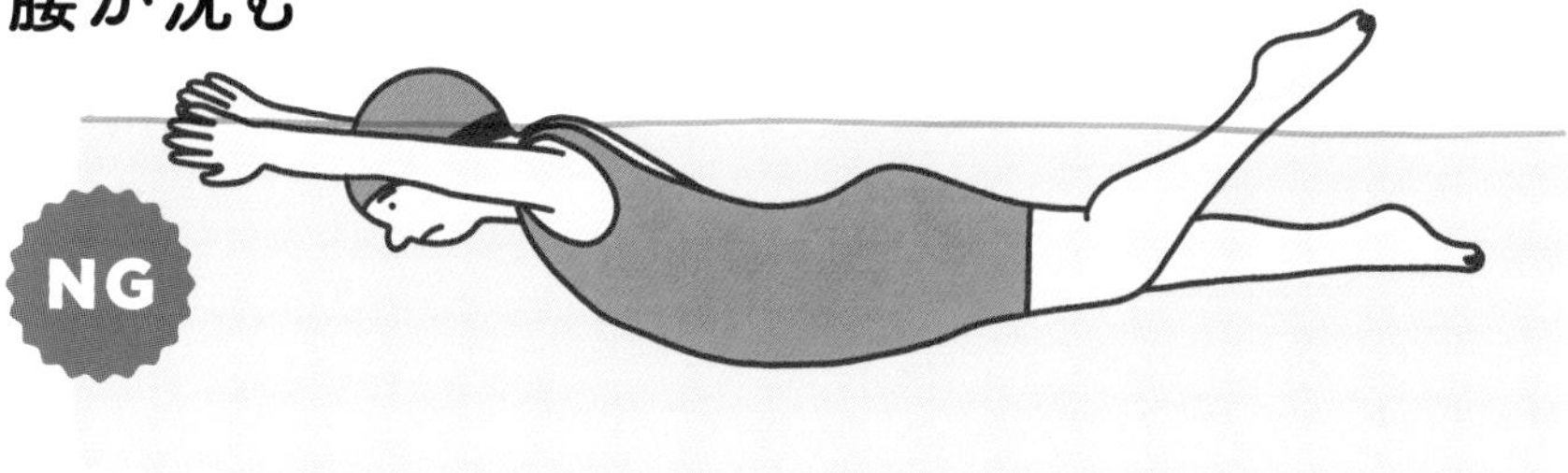

どちらもお腹の力が抜けた悪い姿勢。下半身が沈んでいるのは自覚しにくいので、プルブイを両足首に挟んでクロールを泳いでみましょう。プルブイのおかげで両脚が浮き、それまで両脚が沈んでいたことに気づけ、水平姿勢を意識できるようになります。また、プルブイを沈めるようにして泳ぐと、お腹に力が入ります。

下半身が沈む

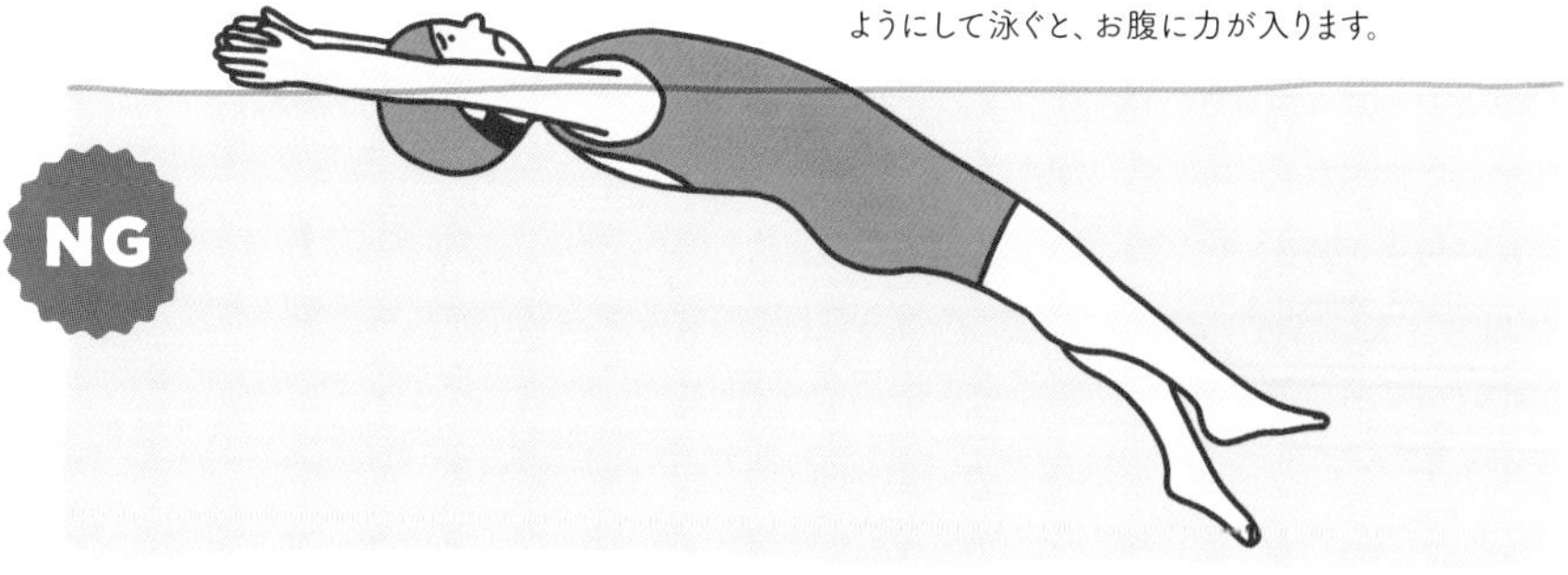

水中で動く

- 水中では重心移動をしながら体を動かしている
- プルやキック以外で体を進ませる力が重心移動

重心移動しながらローリング

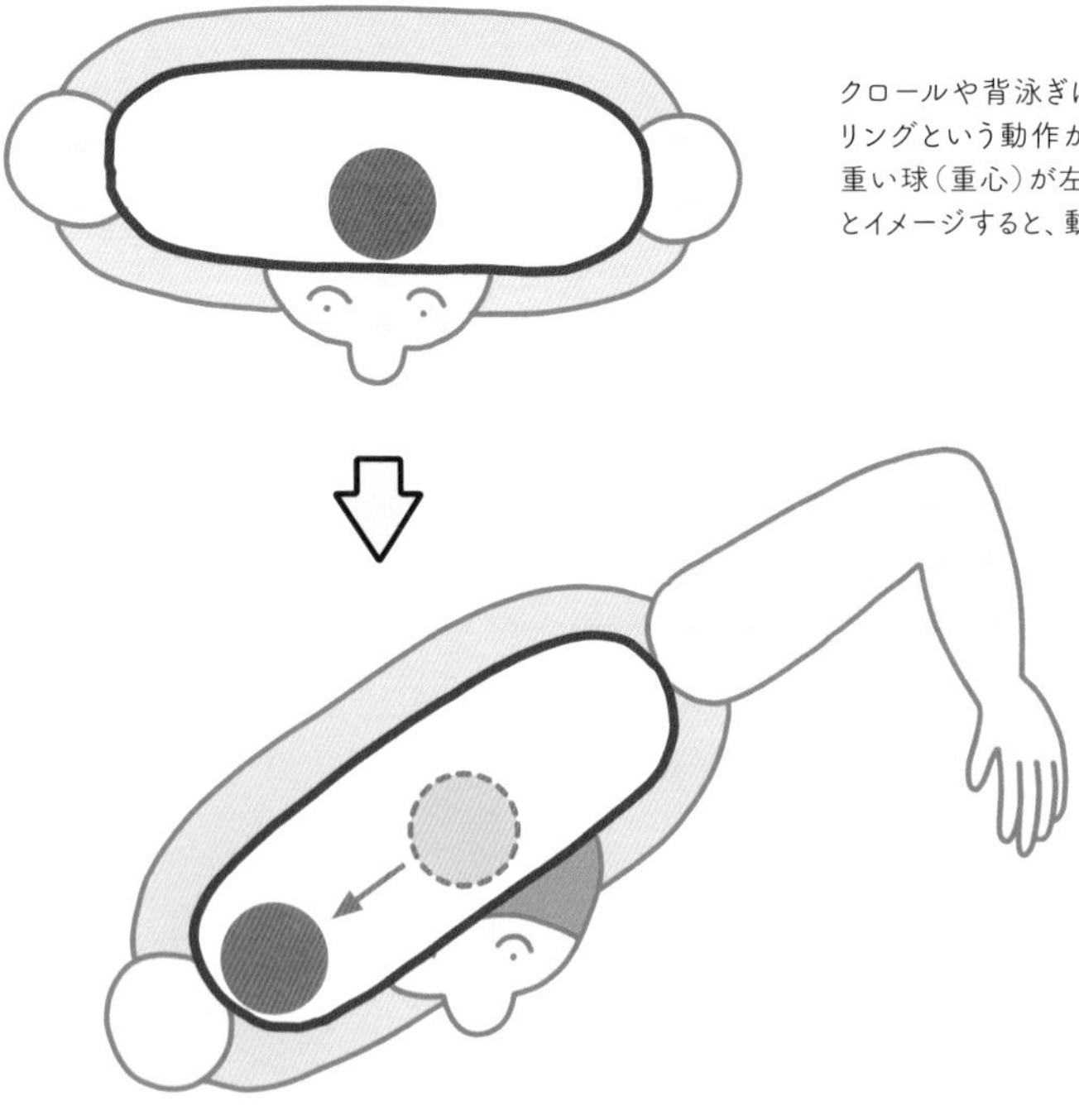

クロールや背泳ぎには、体を左右に傾けるローリングという動作があります。胸のあたりにある重い球（重心）が左右にゆっくり転がり体が傾く、とイメージすると、動かしやすくなるはず！

体重移動があるから水中で自由に動ける

水泳では、体重(重心)移動がスムーズにできると、動きに無駄がなくなり水中で楽に動けます。体重(重心)移動といっても難しく考えないで。体の中に重い球(重心)があり、それが前後左右に転がり体が動く感じです。

スケートやスキーでは一度進むと、あとは力を入れなくてもスーッと滑っていけますね。難しい言葉で慣性が働くといいます。水泳の進み方もこれと同じ。体重移動をスムーズに行うことで慣性の働きが存分に発揮されます。スーッとのびのび泳いでいる人は、体重移動がスムーズにできているということなんです。

胸を前に落とし(体重移動)て進む

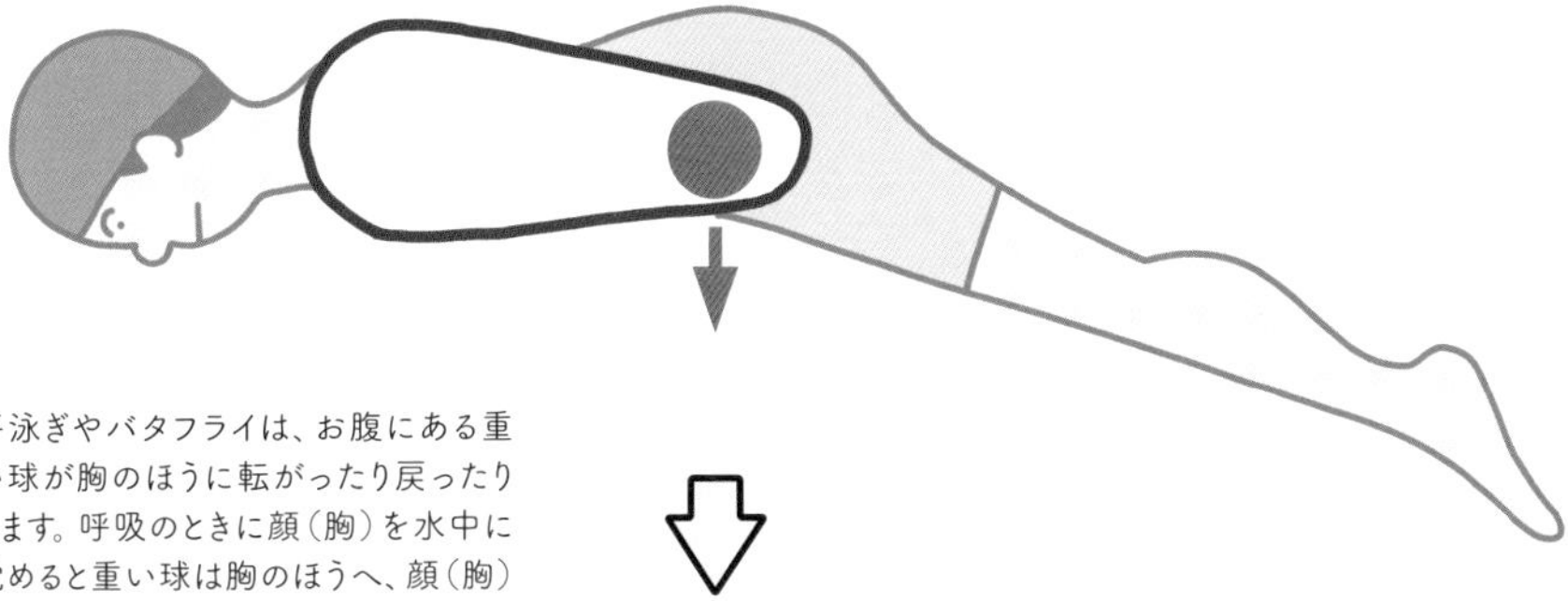

平泳ぎやバタフライは、お腹にある重い球が胸のほうに転がったり戻ったりします。呼吸のときに顔(胸)を水中に沈めると重い球は胸のほうへ、顔(胸)を上げると重い球はお腹へ戻ります。この繰り返しで前に進みます。

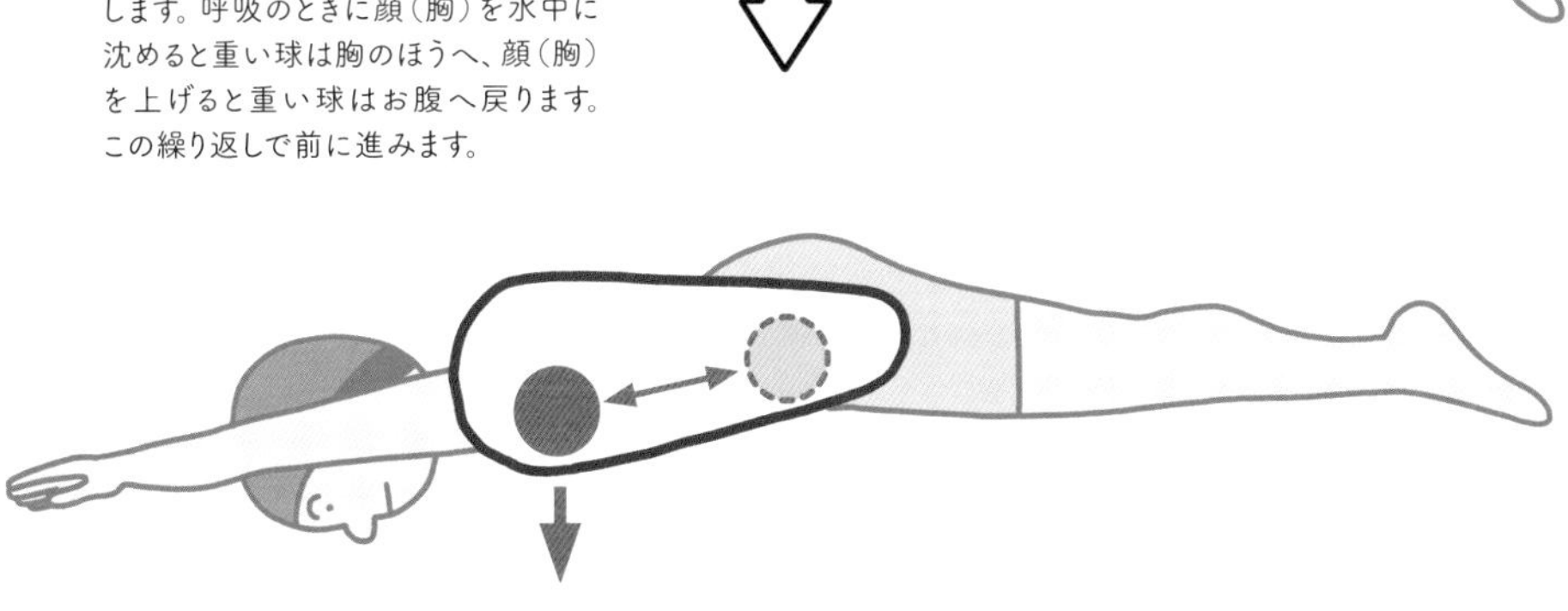

水中で前に進む

- リカバリーは「腕」ではなく、「肘」から戻す意識で
- 肘から戻すと肩甲骨が動き、体重が前に乗り進みやすい

背泳ぎのリカバリー

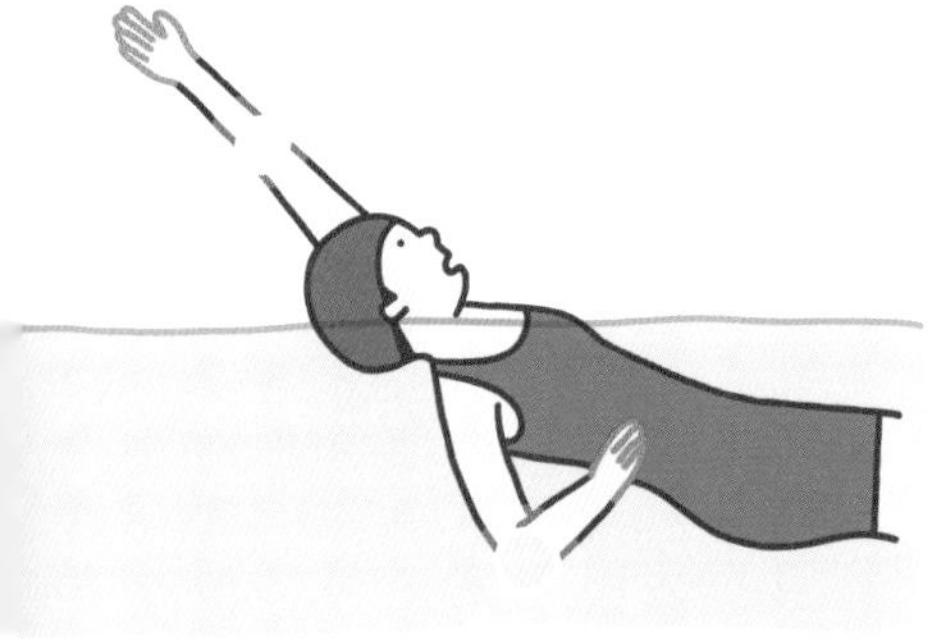

リカバリーでの肘の使い方

腕が見えなくなってきたら、肘だけを伸ばすようにして力を入れて、すばやく手を入水させます。このとき力を入れるのはあくまでも肘。手（指先）には入れないように。

クロールのリカバリー

リカバリーでの肘の使い方

手ではなく肘を最短距離で前に戻し、手（前腕）はあとからおまけでついてくるという感じです。肘を高く上げた泳ぎがカッコイイというイメージがあるかもしれませんが、無理にそうする必要はありません。

肘から前に戻せば体重移動がスムーズに！

前に進む力は、キックやプル（腕の動き）、体重移動で生み出されています。体重移動をスムーズに行うには、リカバリーのときの肘の使い方がキモ。リカバリーとは、腕を進む方向に戻す動作のこと。みなさんはクロールのリカバリーのとき、手から前に戻そうとしていませんか？　手だけを前に戻そうとしても体重はかかりにくいのです。

大切なのは、肘から戻す意識で行うこと。すると肩甲骨が上がって体重が前に乗りやすくなります。下図で4泳法での肘を意識したリカバリーを解説しています。ぜひ試してみてください。

バタフライのリカバリー

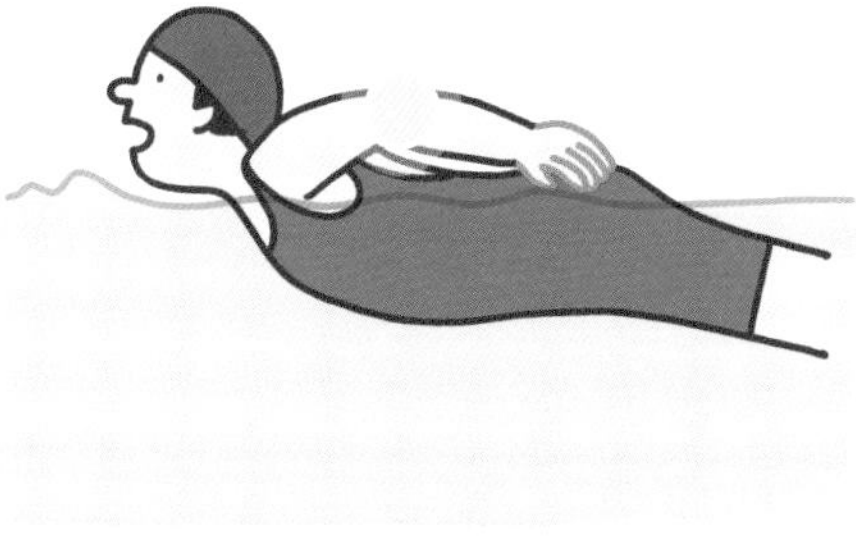

リカバリーでの肘の使い方

バタフライのリカバリーは、ほかの泳法のようにゆっくり腕を回すことができないので、初心者にとっては難しい動作。戻すときに肘から動かしシュッとすばやく戻します。このとき手のひらは体側に向けましょう。

平泳ぎのリカバリー

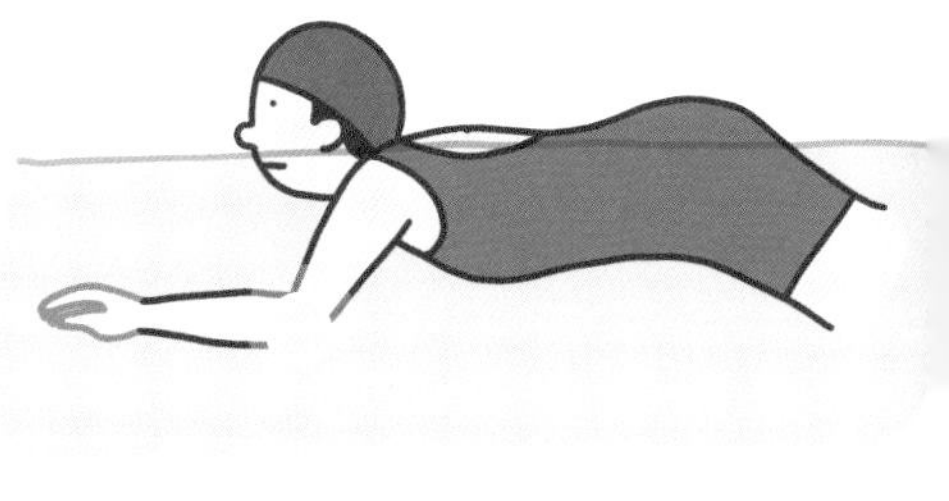

リカバリーでの肘の使い方

両手を伸ばす前に、肘を10㎝前に伸ばすと体重が前にかかっているのがわかります。慣れてきたら、斜め下前方向へ肘を押し込むようにすると手が自然に前に伸びます。

COLUMN 1

スイムグッズ

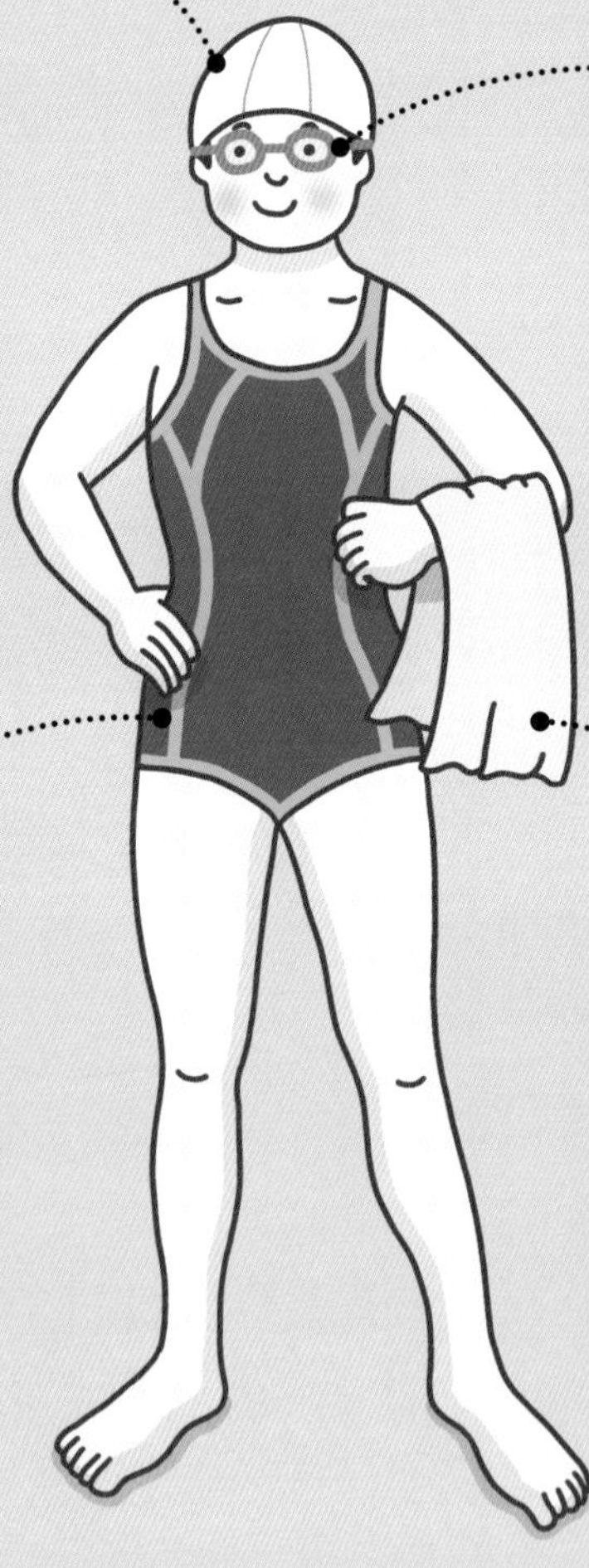

スイムキャップ

スイムキャップは、通気性に優れ頭が蒸れにくいメッシュと、頭にフィットして水の抵抗を減らせるシリコンの2種類があります。メッシュは着脱しやすいので初心者向け。フィット感が強く脱げにくいシリコンは競技者向けで、プールの水に含まれる塩素から髪の毛をカバーできるというメリットもあります。メッシュで髪の毛を押さえて、その上からシリコンをかぶる2枚使いするロングヘアの人もいます。

ゴーグル

プールの水に含まれる塩素や細菌から目を守る役割があるゴーグル。アイカップが小さくてベルトがきつめのレース向け、アイカップが大きめのフィットネス向けなどがあります。度付きゴーグルを使う視力が悪い方も。

スイムウエア

競技向けとフィットネス向けがあるので、購入するときに店員さんに聞きましょう。塩素に強いなど長持ちする水着を選びたいですね。水着は手洗い必須。洗濯機で洗ってはダメですよ。

タオル

プールサイドでは、吸水性の高い「セームタオル」を使う人が多いですね。しっかりと水をとってくれるので髪の毛の乾きも早い!濡れても何度でも絞って使えるので便利。もちろん仕上げは普通のタオルを使います!

PART 2

クロールが泳ぎの基本

クロールが泳げればほかの3泳法も泳げるように！

本のタイトルにもあるように、本書でお伝えするのは100歳まで泳ぐための泳ぎ方です。競泳のようなスピード重視の泳ぎではなく、ゆったりした、楽な、きれいな、疲れない泳ぎ方を目指します。

パート2では、100歳まで泳ぐためのクロールの泳ぎ方を解説していきます。パート1では水中での体の動かし方の基本を見てきましたが、ここでもそのエッセンスは随所にでてきます。

クロールはすべての泳ぎの基本です。

ほかの泳ぎ方にも共通している部分が多い姿勢やキックを習得することで、背泳ぎとバタフライの習得がしやすくなります。

キックの原理は「股関節を曲げる」で、4泳法に共通するため、動きがまったく違って見える平泳ぎにもクロールの技術を生かせるんです。

クロールがどんな泳ぎなのか楽しく知ることができるのが次のページです。

34ページからは、ビギナーのみなさんにこれだけ押さえればカンペキ！な姿勢、キック、プル、呼吸動作のコツを伝授！　泳ぐためには浮く姿勢が大切で、まずはそこを覚えることからスタートです。

水泳は手や脚、胴体や頭など、いろいろな部位が同時に動きます。できないことをできるようにするには、同時に動いてしまう動きを別々に動かす練習（水泳ではドリルといいます）が必要です。

必要に応じてドリルを紹介しているのでチャレンジして！

また、指導をしていてよく聞かれるクロールに関してのお悩みにも回答しました。ぜひ参考にしてください。

それでは、クロールの世界へ飛び込みましょう！

クロールってこんな泳ぎです！

世界記録が4泳法の中で一番速い！

短距離も長距離も、4泳法の中で最も速く泳げる泳法。そのため、競泳の自由形でクロールを選択する選手が多い！　長く泳ぐ場合は、クロール一択です。

楽なクロールと苦しいクロールがある

楽に泳ぎたいならローリングは必須、逆にローリングをしなければ速く泳げる！　でも、後者だと疲れるし、肩を痛めやすい。

クロールは泳ぎの王様です

水泳をはじめて最初に学ぶのがこの泳法。すべての泳ぎの基本がぎっしり詰まっているので、クロールをしっかりマスターすれば、ほかの泳ぎの習得も早くなります。

クロールの原型は古代エジプト時代にあった!?

近代クロールが生まれたのは20世紀初頭。クロールの原型といえる泳ぎ方は、紀元前2500年頃に栄えた古代エジプト時代の壁画に描かれているそう。

クロールはキックより腕の推進力が大きい

クロールはキックから得る推進力は約20%、プル（両腕）からは約80%。水平姿勢を保てば、キックを強く打たなくても進みます。

クロールを
動画でチェック！

クロールのコツ
姿勢❶

“猫背まっすぐ”で体が浮く姿勢になる

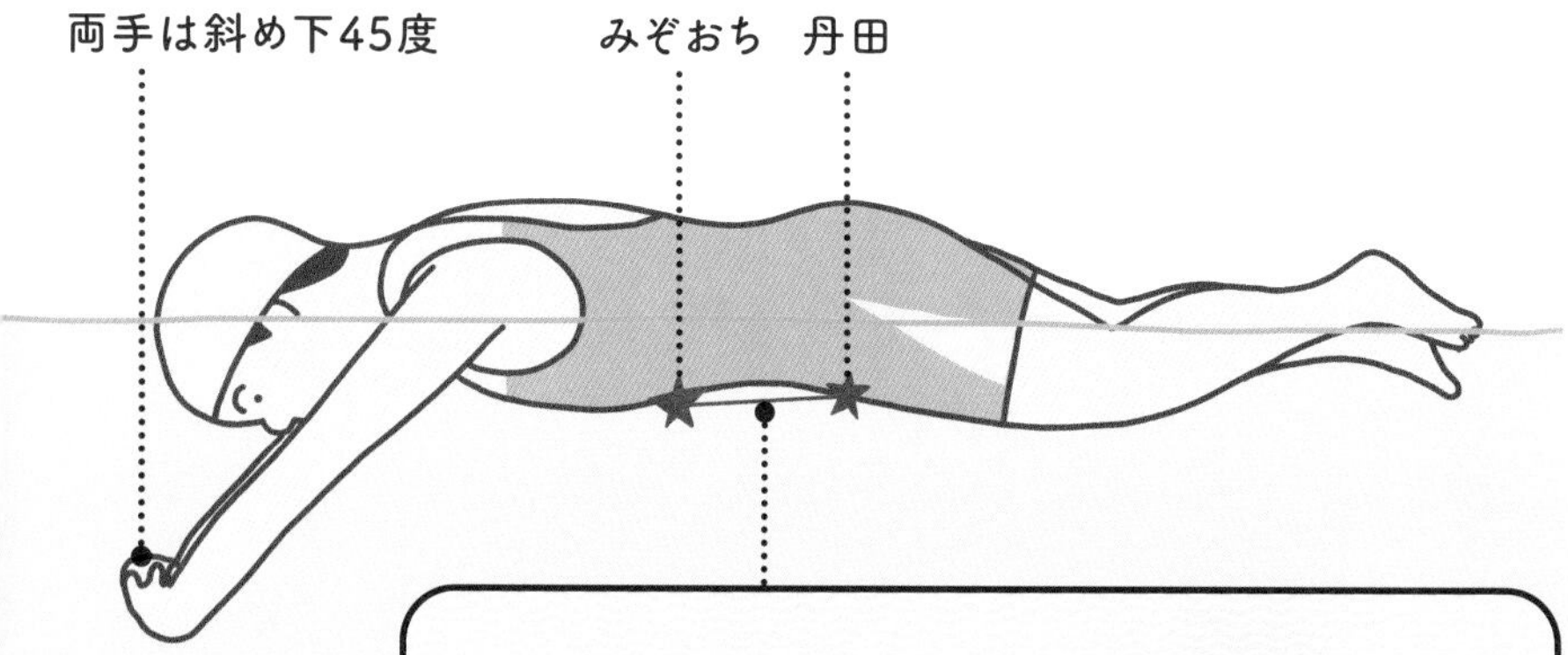
両手は斜め下45度
みぞおち
丹田

クロールの姿勢の基本は“猫背まっすぐ姿勢”。「みぞおち」と「丹田（おへその下あたり）」の距離を近づけると、猫背だけどまっすぐな姿勢になります。この距離が開くと体が反ってしまい姿勢が崩れます。

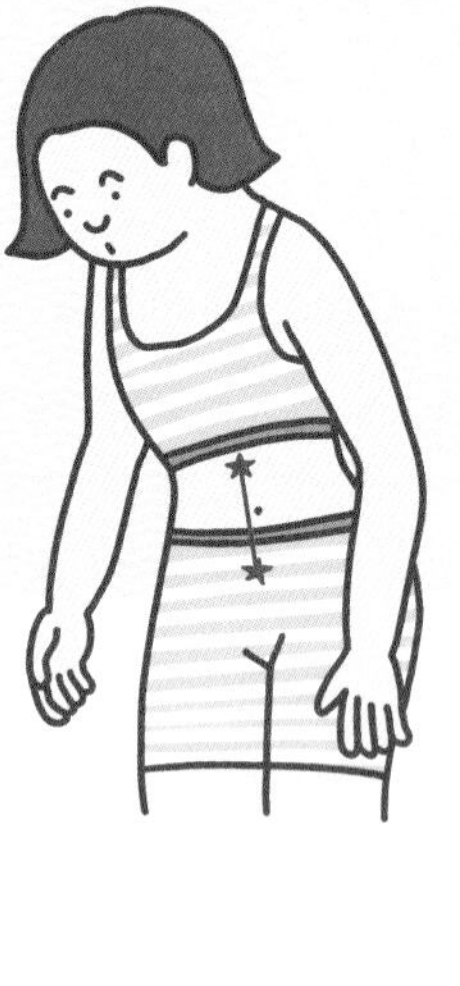

お腹に自然と
力が入ります！

鍵はみぞおちと丹田！ 浮く姿勢を陸上で練習！

泳ぐ姿勢＝体が浮く姿勢＝体が水面に平行な水平姿勢。これはパート1の浮かぶ姿勢（P22）でも解説しましたね。クロールの指導をしていると、ビギナーからよく「水平姿勢がよくわからない」「お腹にしっかり力を入れてといわれるけど……」という悩みを聞きます。そのときにお伝えするのが、下図の陸上で練習できる体を浮かすための水平姿勢の作り方です。

まずは陸上で姿勢練習。その後で、水中でこの姿勢をとりバタ足につなげましょう。

水中では両手を軽く組み、斜め下に伸ばして泳ぐと、余計な力が入りません。

“猫背まっすぐ姿勢”を作ってみよう

1
2
3
水中では
手のひらを前にして両手を組んで同じようにやってみよう！

1 両足の内くるぶしをつけまっすぐに立ち、お尻に力を入れてえくぼを作ります。腕を上げます。

2 両腕は伸ばし斜め上45度に上げ、肩を前へ出し体を丸めます。

3 肩を丸めたまま体をまっすぐに戻します。壁を使うとやりやすいでしょう。

動画でチェック！

クロールのコツ

姿勢❷

ローリングのコツは“あばらスケーティング”

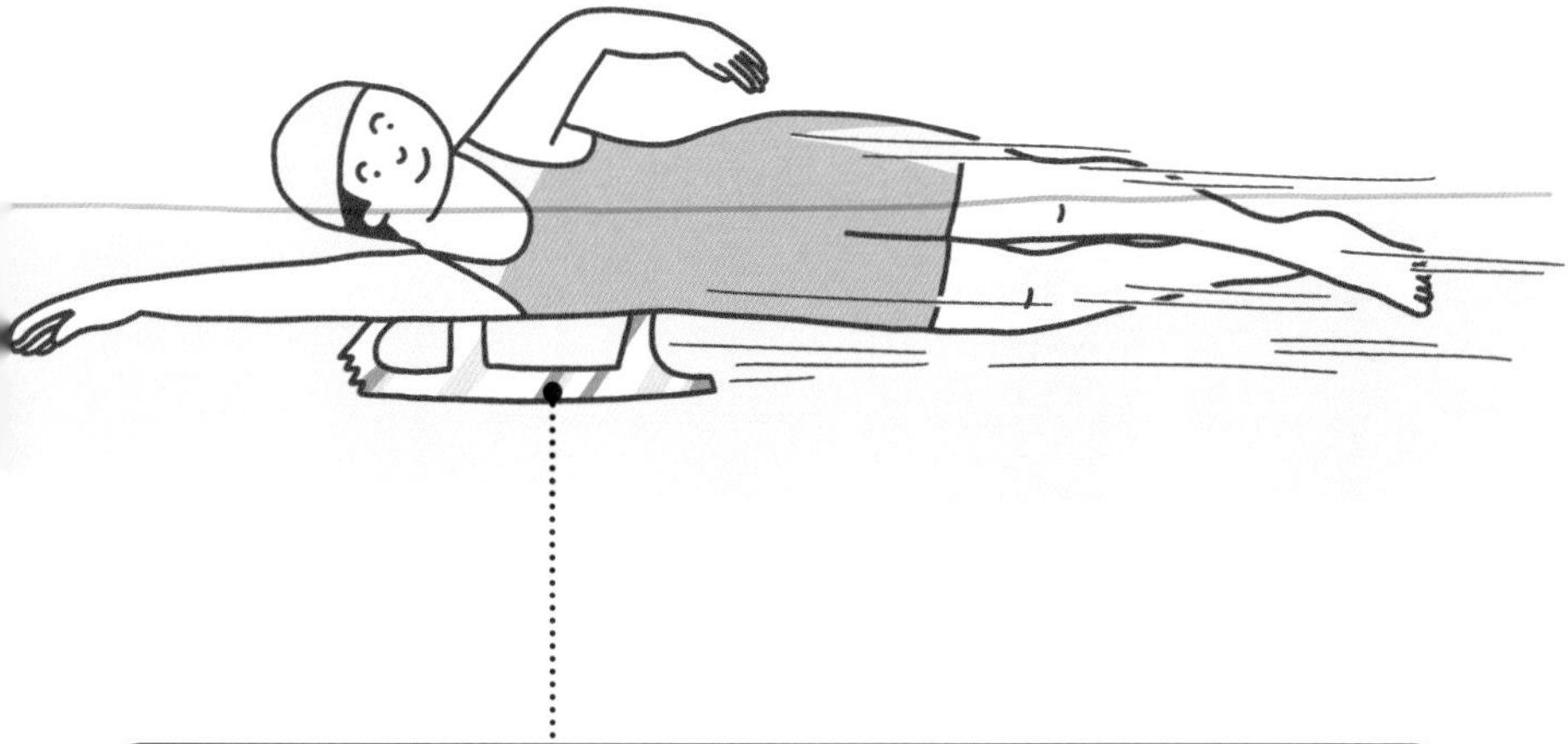

ローリングはフィギュアスケートのスケーティングのようなもの。脇腹のあばら部分にスケートの刃があり、そこに体重を乗せるイメージです。横向きに蹴伸びするイメージでもOK。

楽に泳ぐためにローリングをマスター

ローリングとは体を左右に傾けること。パート1（P24）でも少し触れました。この動作が必要なのは、楽な泳ぎをするため。水をかく時間が長くなる、水の抵抗を減らせる、呼吸動作が楽になる、重心移動をしやすくなる、リカバリー時の腕をスムーズに動かせる……などなどローリングのメリットはたくさん！

ローリングができないと体に大きな負担がかかりますし、疲れやすくなり、肩のケガにもつながります。

ローリングのプロセスは下図の通りですが、あばらスケーティングをイメージしてやってみて！

楽な泳ぎにはローリングが必要です

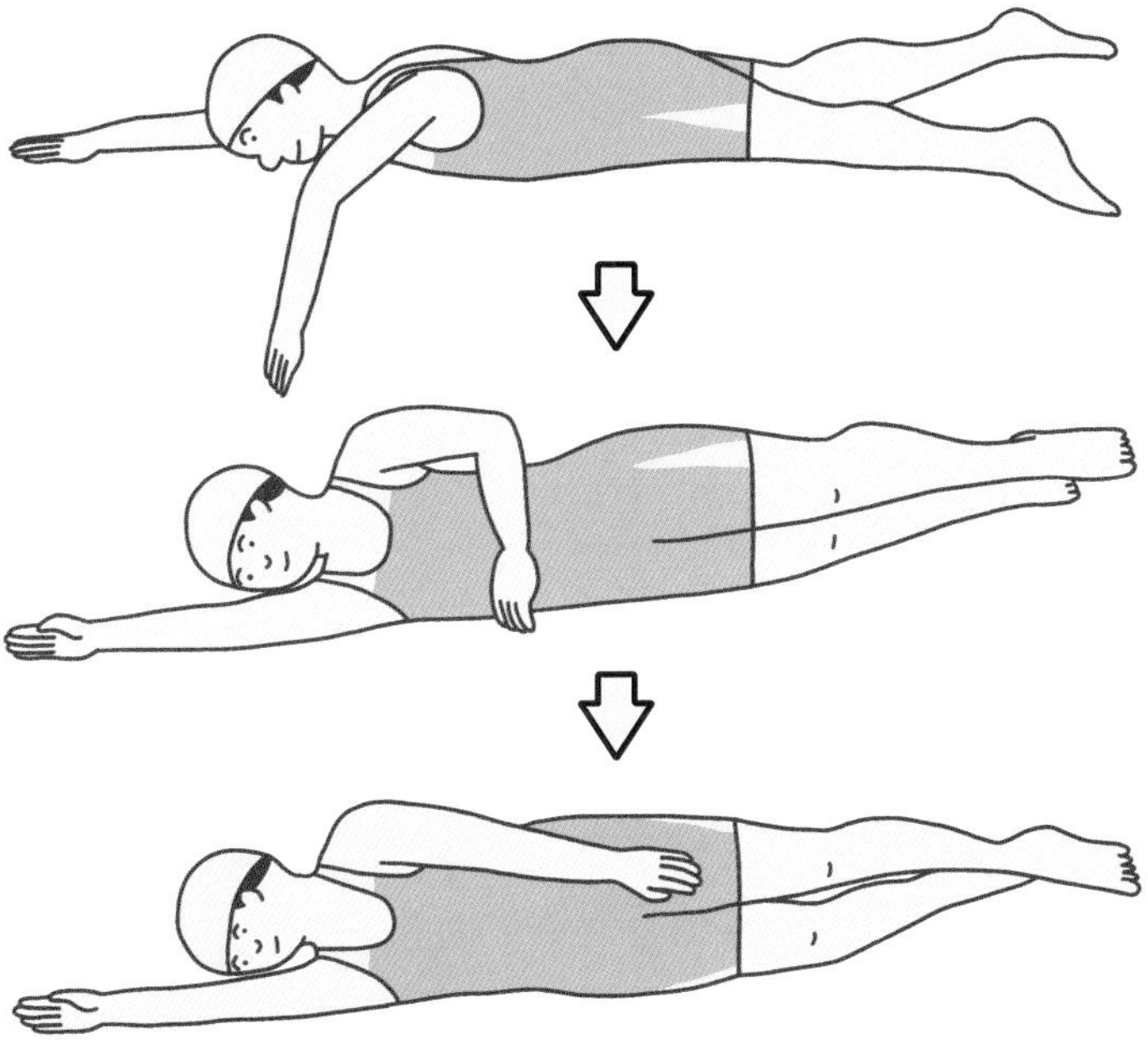

リカバリーした手が入水します。このとき体はまっすぐ。

入水後に体を傾けてローリングを開始。ここであばらスケーティングをイメージ。

右腕をグググ〜ッと伸ばし、左手で水を押します。骨盤は左に向けます。

動画でチェック！

クロールのコツ

キック❶

股関節を曲げ足首ぶらぶらの“ペダリングキック”

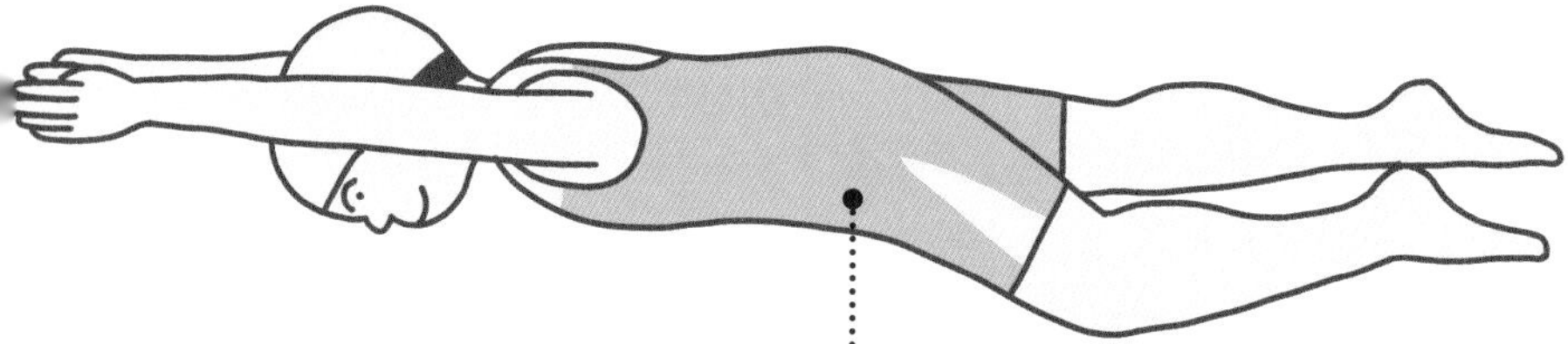

クロールのキックは、足首には力を入れず、右絵のように周径の短いペダルをリズミカルに回す感じです。軽く腿上げするイメージ。こうすると自然と股関節が曲がるキックが打てるようになります。

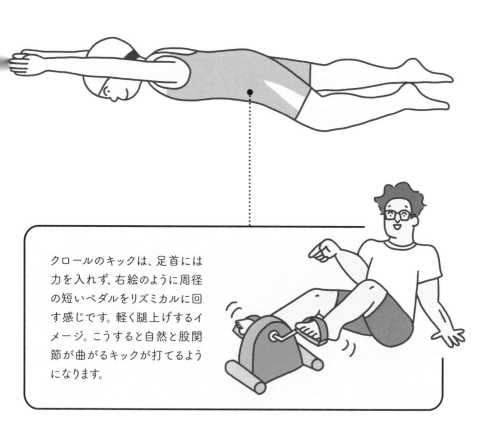

上手なキックは股関節が曲がっている

キックのコツは股関節を曲げるという動作です。クロールだけでなく4泳法に共通するので覚えておいてくださいね。とはいえ、「股関節？　曲がる？」となるビギナーは少なくありません。そこで、右ページで解説した〝ペダリングキック〟です。この要領で行うと結果として股関節が曲がったキックが打てるようになるというわけ。キックが疲れるという人は正しいキックができていない可能性大です。

　股関節から曲げるキックができるようになると、キックの体感音が「バシャバシャ」だったものから「ズンズン」に変わってくるのがわかります。

クロールのキック

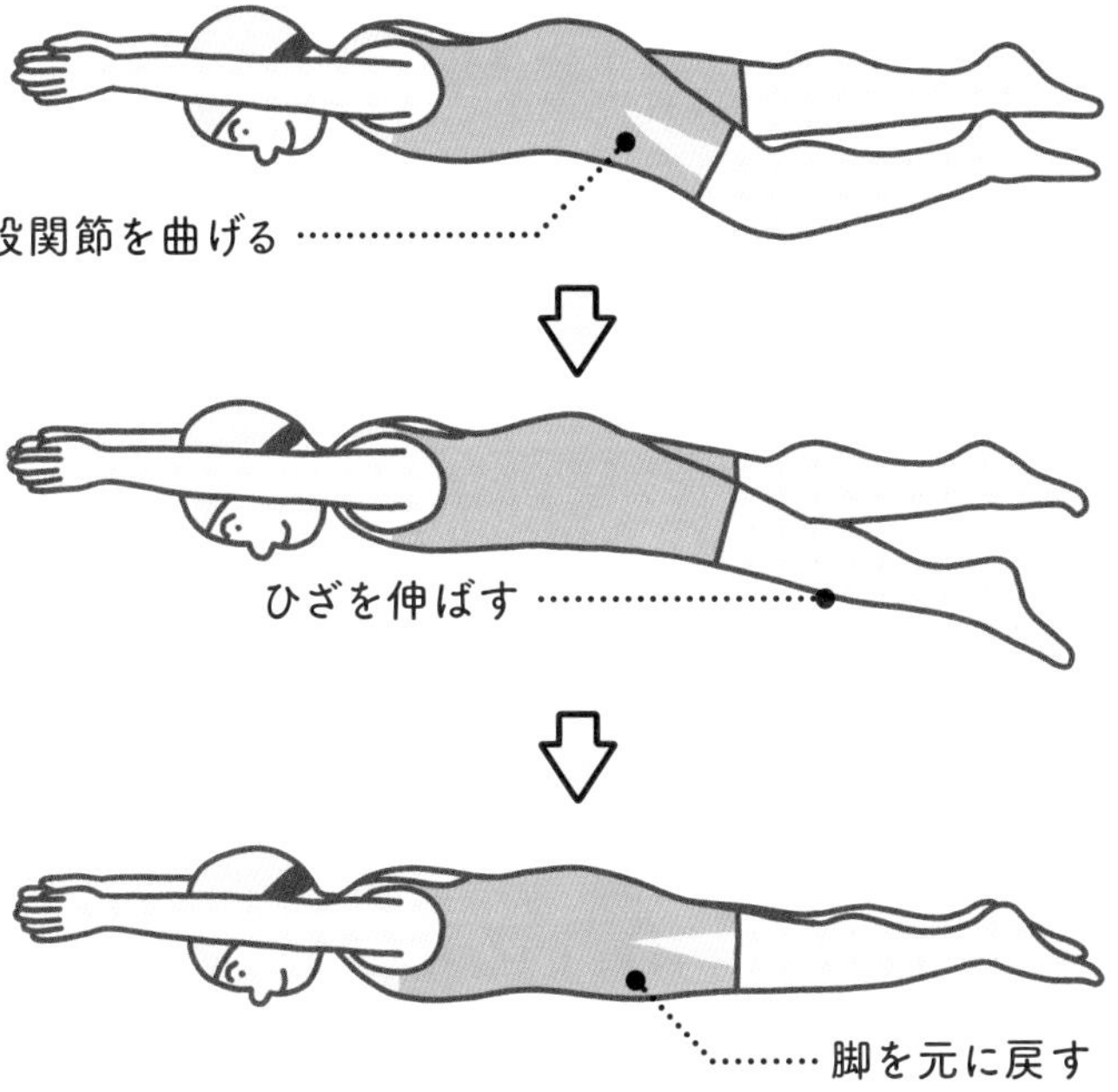
股関節を曲げる
ひざを伸ばす
脚を元に戻す

"ペダリングキック"をするイメージで行うと、脚は股関節からこのように曲がります。

次にひざの位置は変えずに、そのまま脚を伸ばしてキック。

ひざを曲げないように、脚を元の位置に戻します。

動画でチェック！

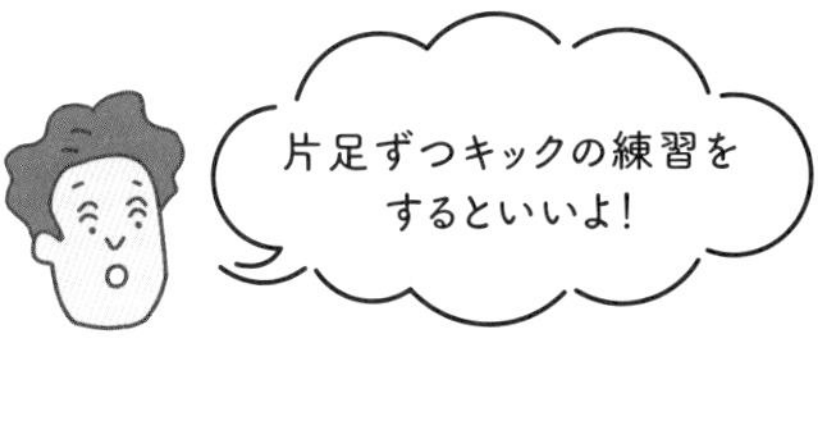
片足ずつキックの練習をするといいよ！

クロールのコツ
キック❷

効率よく進むためのコツが“切り返しキック”

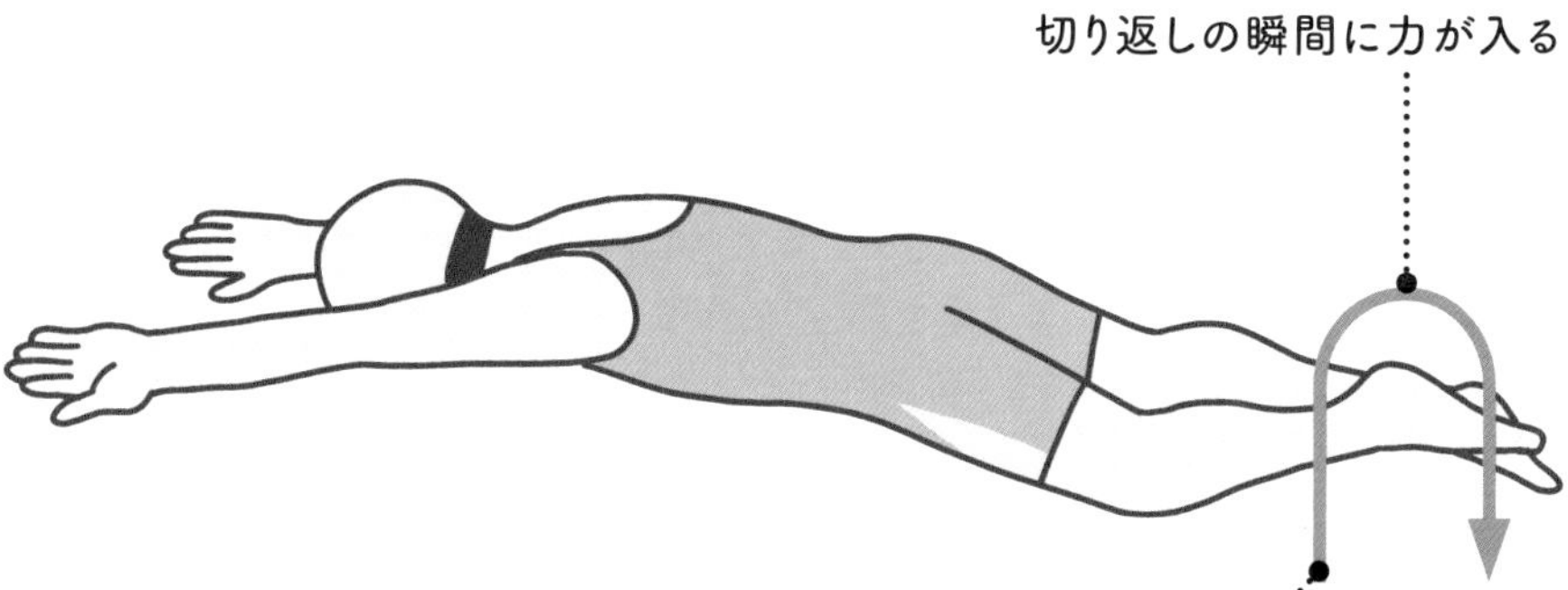

コツは、アップキックからダウンキックの「切り返しの瞬間」に力を入れること。すると脚が鞭のようにしなるキックが打てるので、自然に足で水を押すことができ推進力もアップ!

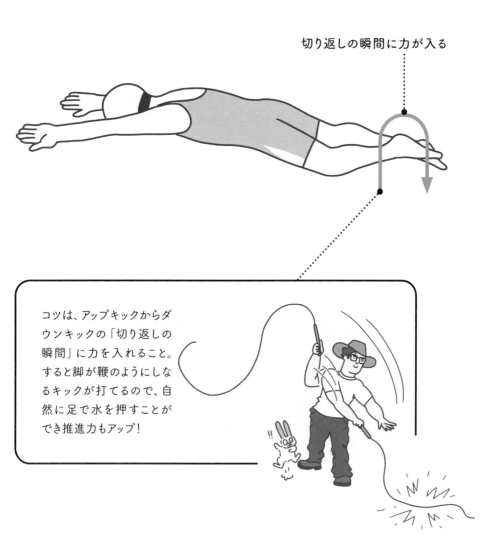

ピンポイントで力を入れしなるキックを打つ！

クロールとバタフライには、アップキックとダウンキックがあります。効率よく進むために大切なのが、力の入れどころです。

水泳教室などで「アップキックを意識しなさい」「ダウンキックをしっかり蹴りなさい」などといわれたことはありませんか？　実際は、右ページのように、〝切り返しキック〟をしてくださいね、ということなんです。

この力の入れ方を身近なことでたとえると……夏の暑い時期にうちわや扇子を使うときは、切り返しの瞬間に力を入れて風を起こしますよね。これと同じような感覚です。

アップキックとダウンキック

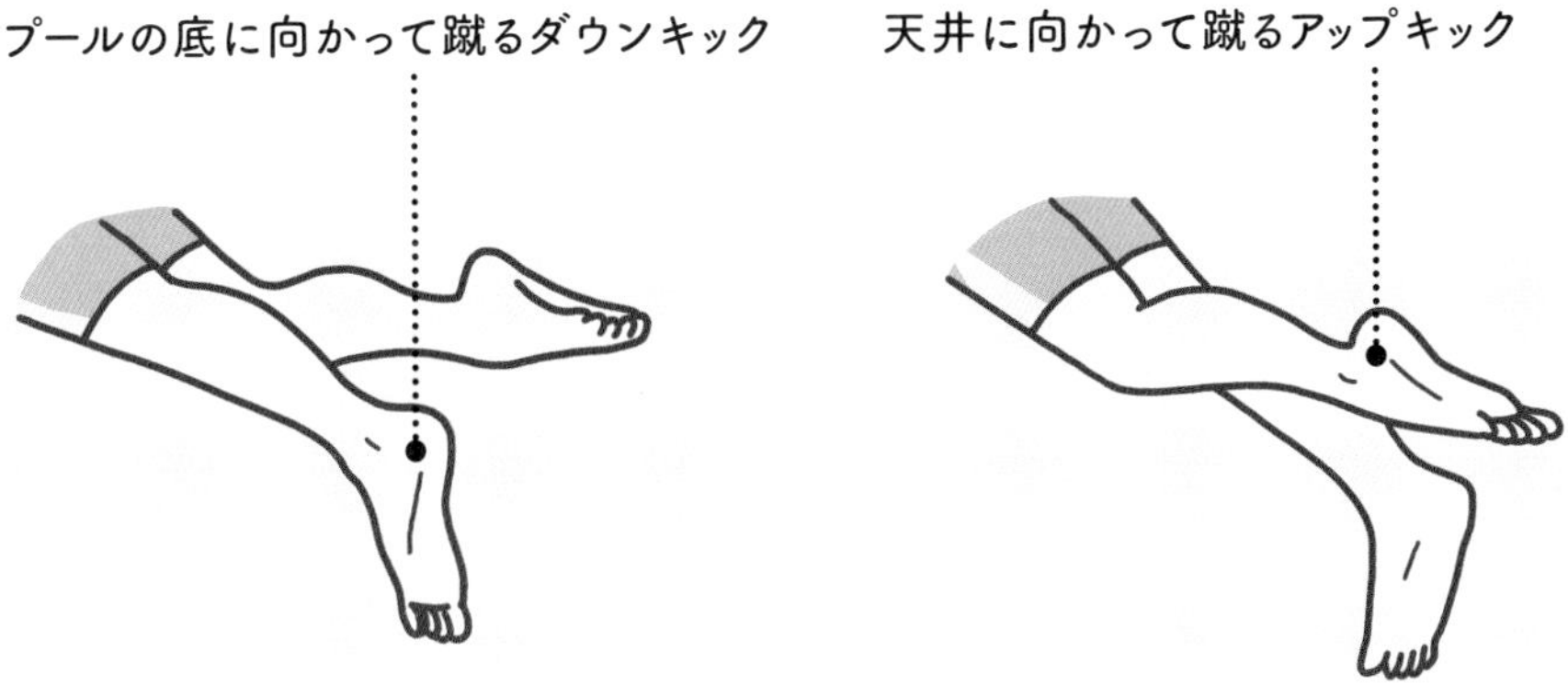
プールの底に向かって蹴るダウンキック
天井に向かって蹴るアップキック

バタフライのキックも
切り返しのときに力を入れるのは
同じだよ

動画でチェック！

クロールのコツ

プル

“ドリブルプッシュ”で
ゆっくり楽な泳ぎを！

水をかくときは最後のプッシュを意識します。水を球体だと思って、バスケットボールのドリブルをするときのように、ボールを保持してから足の甲に向かってボールを離すイメージで。

ゆっくり泳ぐときはプッシュが推進力の要

下図は、クロールの腕の動きを分解したものです。キャッチ、プル、プッシュ、リカバリーに分かれています。

本書の目標である「ゆっくり楽に泳ぐ」のに必要なのが、最も大きい推進力が生まれるプッシュなんです(ちなみに速く泳ぐときは、より多くの推進力を生むのがキャッチの動作です)。

さて、このプッシュを生かすための動作のコツが〝ドリブルプッシュ〟。ボールを保持し足元に向かって離すようにするとしっかり水を押すことができ推進力が生まれます。

クロールの腕の動作

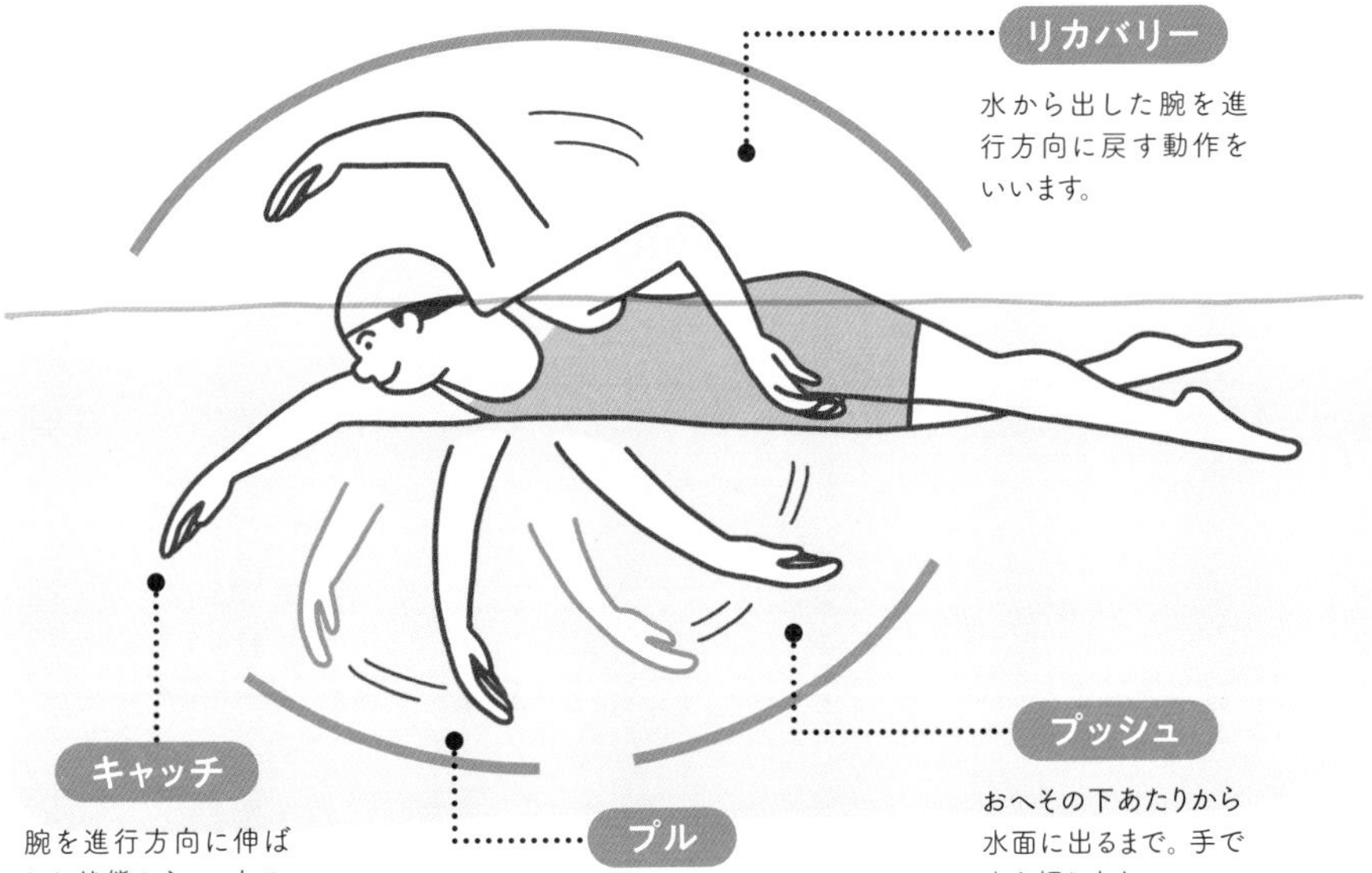
リカバリー
水から出した腕を進行方向に戻す動作をいいます。
キャッチ
腕を進行方向に伸ばした状態からここまで。水をとらえる準備をします。
プル
ここからおへその下あたりまで。手のひら側の前腕に水を感じればOK。
プッシュ
おへその下あたりから水面に出るまで。手で水を押します。

動画でチェック！

クロール―姿勢―
クロール―キック―
クロール―プル―
クロール―呼吸動作―

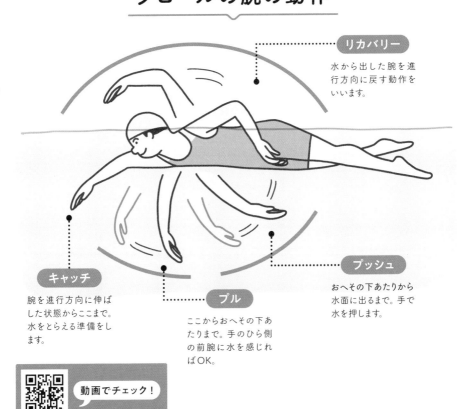

息継ぎのスタイルは入水後の“片尻ルック”

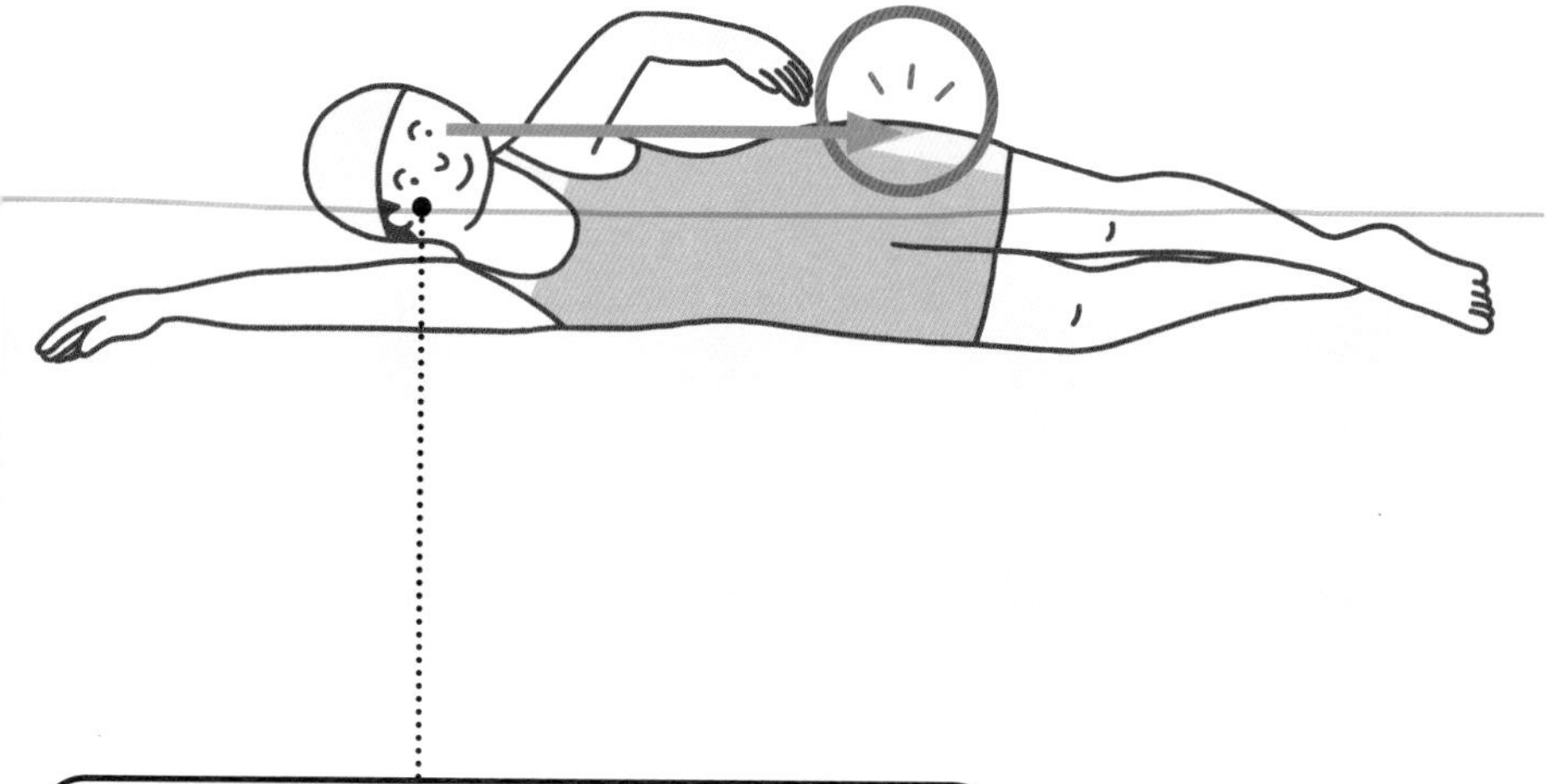

顔を上げるときは、お尻を見るようにすると顎が上がりません。（左呼吸の場合）顔を上げたときに、オレンジの部分にある空気を吸うつもりで頭を動かしてみて。

右呼吸の場合は、青い部分に空気があると思うようにする

クロール 姿勢
クロール キック
クロール プル
クロール 呼吸動作

息継ぎのときは顔は思い切り上げない

クロールの呼吸動作（顔を上げる動作）が苦手な人はたいてい思いっ切り顔を上げて息継ぎしています。右ページの〝片尻ルック〟で、顎が開き過ぎないようにしましょう。

　水が下で、空気が上……どうやら陸上で生活している私たちの脳はそう認識しているよう。だから水中で苦しくなると上にある空気を吸おうとして顔（顎）が上がるんですね。こうなると体が反り下半身が沈みます。

　顔を上げるベストタイミングは、手が水に入りみぞおちあたりにきたときです。さあ、呼吸動作にトライしましょう！

呼吸のタイミング

OK

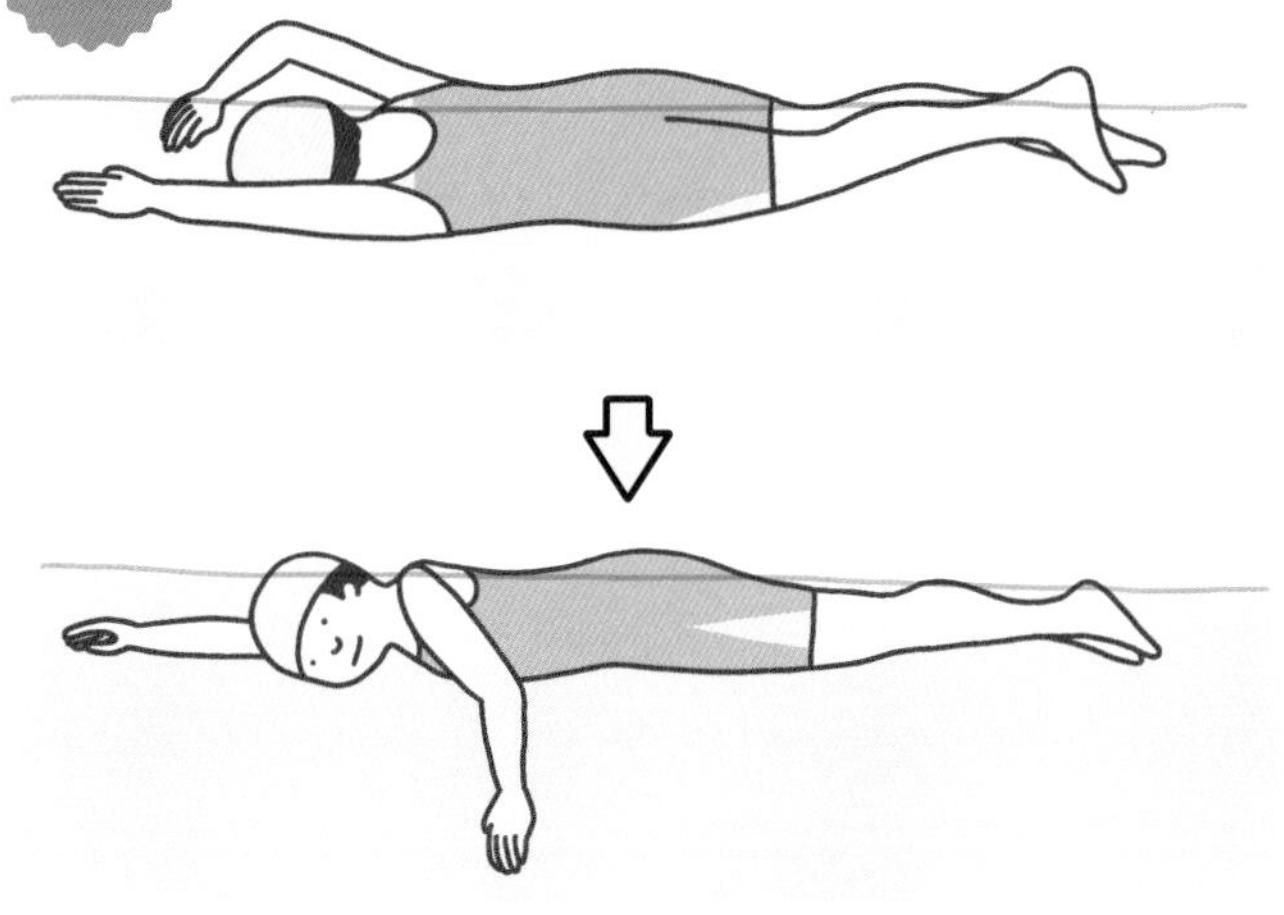

水をかく手がみぞおちを通るタイミングで、顔を上げて呼吸をします。

NG

入水と顔を上げる（呼吸動作）のが同じ時だと、顎が開いてしまいどんどん息継ぎがつらくなります。

動画でチェック！

片手クロールで練習してみよう

クロールの基本ドリルに片手クロールがあります。水泳教室に通っている方などは、あっ、あの練習！とピンとくるのではないでしょうか。片手クロールは、Ｐ34～45で解説したクロールのコツの練習に最適です。ビギナーならぜひトライしていただきたいですね。

キックだけの練習では安定していても、同時に腕を回すとキックが止まったり、力が入って脚が開いたり、リズムが狂ったりするものです。人間には、脳に近いところほど意識を向けやすいという特性があります。そのため①キックを打ち続ける②腕を回す③呼吸をするを同時に行うと、③の呼吸（口）に意識が持っていかれてしまい、①のキック（足）がおろそかになることがあるのです。

そこで片手クロールです。片手クロールはローリング、息継ぎ、手

の動きなど動作をいったん分離して練習する方法です。そしてそれぞれをつなげて一連のフォームに落とし込むのです。

片手クロールは3種類あります。やり方は次ページを見てください。

ドリル1　かかないほうの手を前に出したまま、呼吸しながら片手だけでクロールします。

ドリル2　かかないほうの手を前に伸ばさず体側につけたまま、かく手の側で呼吸しながら片手クロールします。

ドリル3　かかないほうの手を前に伸ばさず体側につけたまま、手を体側につけた側で呼吸しながら片手クロールします。

実は、両手クロールよりも片手クロールのほうが難しいのです。なぜならごまかしがきかないから。いいかげんな動きでも両手なら進めるかもしれませんが、片手だとしっかりローリングしたり、しっかり水を押したりしないと進めません。ですから、片手クロールを体得すると、両手クロールの泳ぎが安定するのです。

片手クロール ドリル1

かかないほうの手を前に出したまま、
呼吸しながら片手だけでクロール

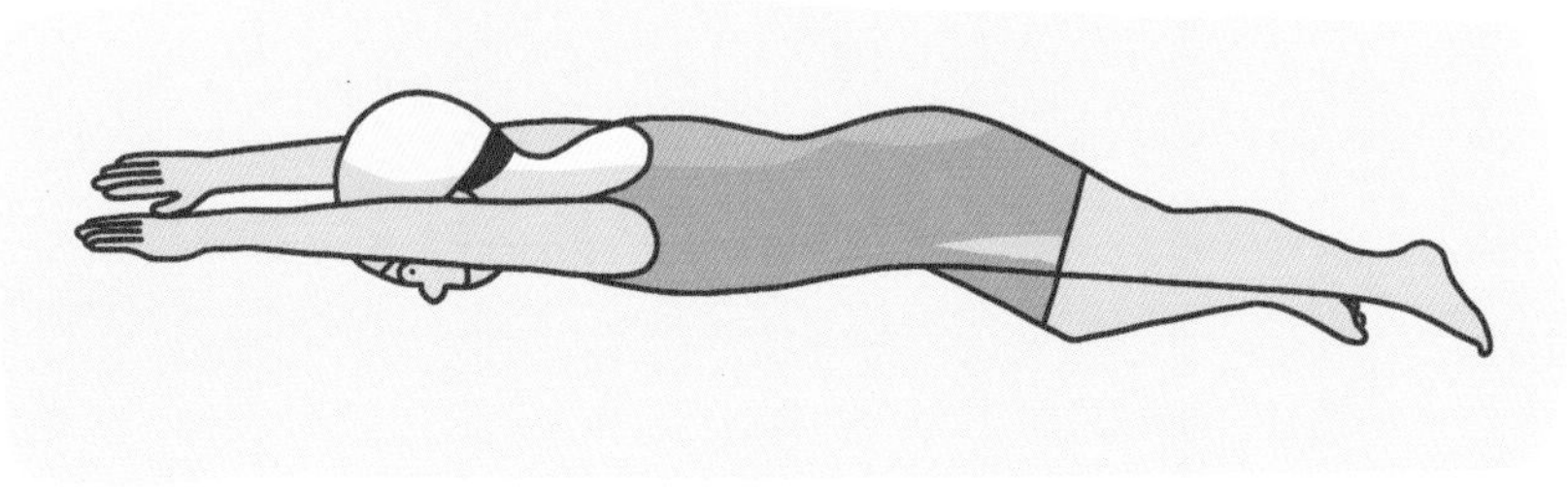

両手を伸ばします。

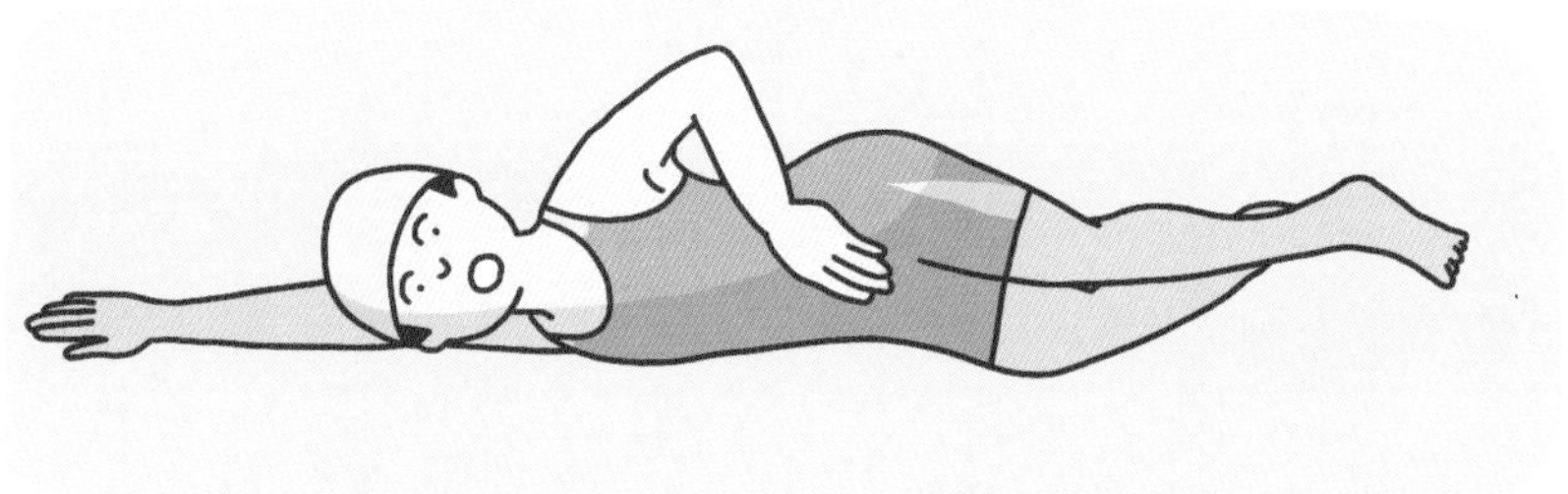

右手は伸ばしたまま、左手だけでクロール。2～3かきに1度、左側で呼吸します。反対も同様に行います。

練習法は

いずれのドリルでも、25m泳いだら、手を変えて25m。最後に両手クロールにつなげます。リカバリー、呼吸動作、水をかく手の向き、目線、ローリング、曲がらないように泳ぐ、キックに集中など、目的を明確にして取り組むと効果的です。そしてその後で必ず両手クロールをすること。ドリルは上手にならなくてかまいません！　大切なのはスイムにつなげることです。ドリルだけに夢中になるドリルマニアにならないように。

動画でチェック！

片手クロール ドリル3

かかないほうの手を体側に つけたまま、水をかく手とは逆側で 呼吸しながら片手クロール

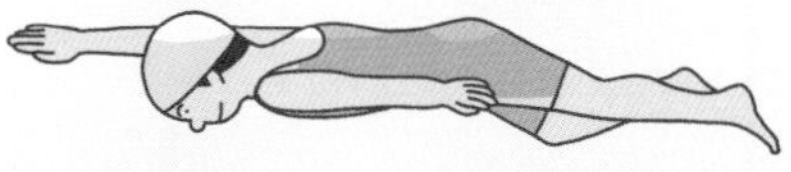

右手は前に伸ばし、左手は体側につけます。

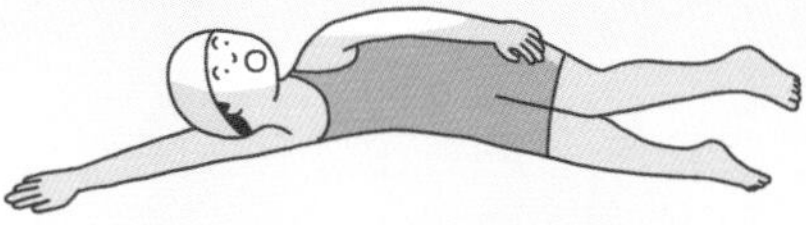

左手は体側につけたまま、右手だけでクロール。2～3かきに1度、左側で呼吸します。反対側も同様に行います

片手クロール ドリル2

かかないほうの手を体側に つけたまま、水をかく手の側で 呼吸しながら片手クロール

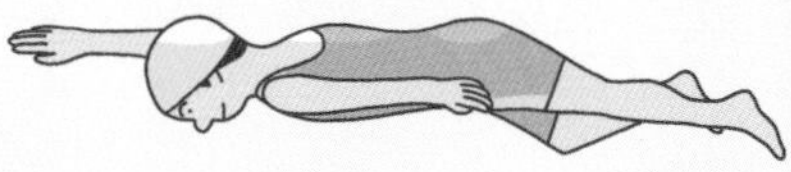

右手は前に伸ばし、左手は体側につけます。

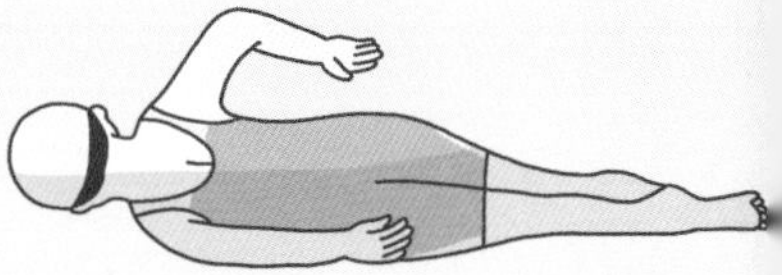

左手は体側につけたまま、右手だけでクロール。2～3かきに1度、右側で呼吸します。反対側も同様に行います。

ドリル練習で大切なこと

- **ドリルマニアにならないようにしよう**
- **必ずスイムにつなげよう**

動画でチェック！

動画でチェック！

質問

1

ローリングがうまくできない

答え

片方の太腿を沈めるようにして、体の前側に力を入れて傾けてみましょう

36ページでも解説したように、ローリングが、体に負担をかけることなく楽な泳ぎをするために必要な動作です。

ローリングのときは体の前側に力が入るのが正解！　しかし、ローリングを無理にしようとすると背中側に力が入りがち。そうすると体が反って下半身が沈んで負荷の大きな泳ぎになってしまうのです。

なかなかできないという場合、陸上で横向きになり体を回転させてコツをつかみましょう。

正解をいってしまうと、正しい体の使い方は左ページの前回りローリングです。後ろ回りローリングに比べやりやすいはず。クロールのローリングは、まさに前回りローリングを繰り返し行うようなものです。

陸上でローリングの練習をしよう

床に寝て、両手を上に伸ばし、横向きになります。布団やベッドの上で行います。

前回りローリング

上側の太腿を前の床に落とすようにして体を前側に倒し回転し、逆側を向くイメージです。体の前側に力が入るのがわかるはずです。

後ろ回りローリング

背中の上側を後ろに引っ張るように体を回転させます。背中に力が入るのがわかりますね。ローリングの体の使い方としては×。

質問

2

泳ぐと肩が痛くて……痛めないために気をつけることは？

答え

肩の動かし方を確認して、痛みがでる位置を覚えましょう

肩を痛めてしまう方で多いのが、③のように肩より肘が後ろにある状態で水をかいてしまうパターン。特にビギナーは背中に力が入りやすく、こうなりがちです。予防のために、まずは陸上で自分の関節可動域を確かめましょう。水泳前の準備体操「肩の動かし方の確認」でチェックできます。左ページを参考に、①から③の順番で肩の上げ下ろしをしたり、回したりしてみましょう。痛みが出ない肩と肘のポジションを守って泳ぐようにします。

肩の動かし方はこうしてチェック！

③ 肘が肩より後ろ

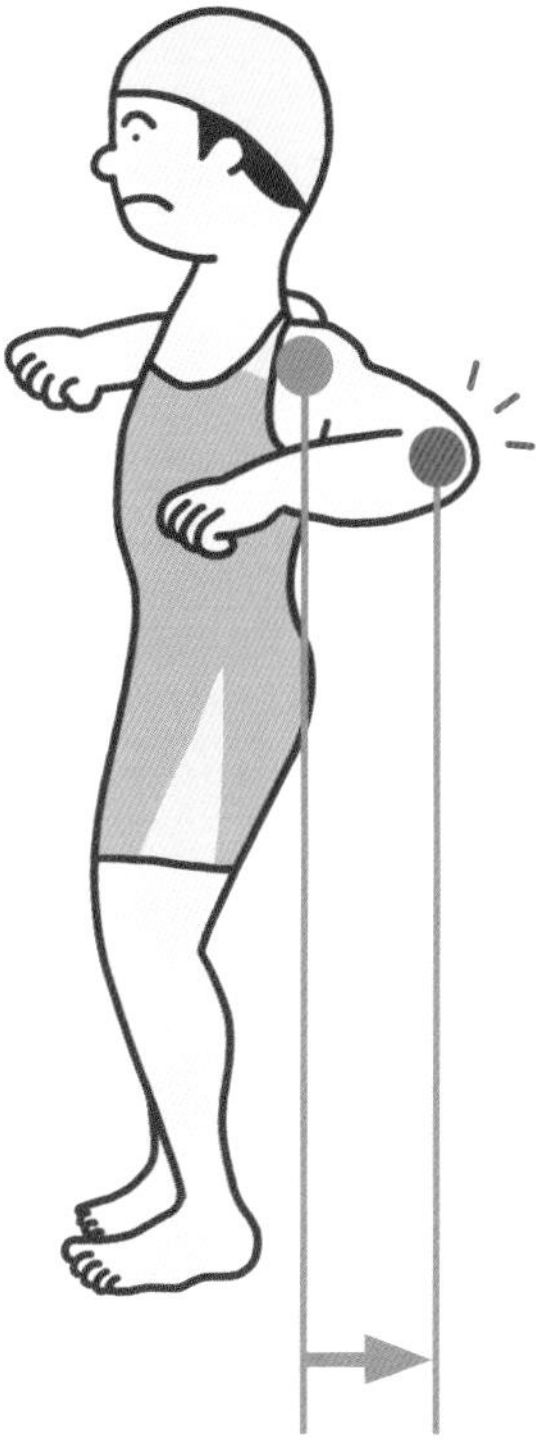

両脇を広げ、両肘が体より後ろにくるようにして肩を動かします。肩に痛みが出たら無理して動かさないこと。クロールで、このポジションで水をかき続けると肩トラブルに。

② 肘と肩が同じ

両脇を広げ、両肘を両肩と同じ位置にして肩を動かします。この位置で肩に痛みが出たら、体より肘が後ろにいかないようにします。

① 肘が肩より前

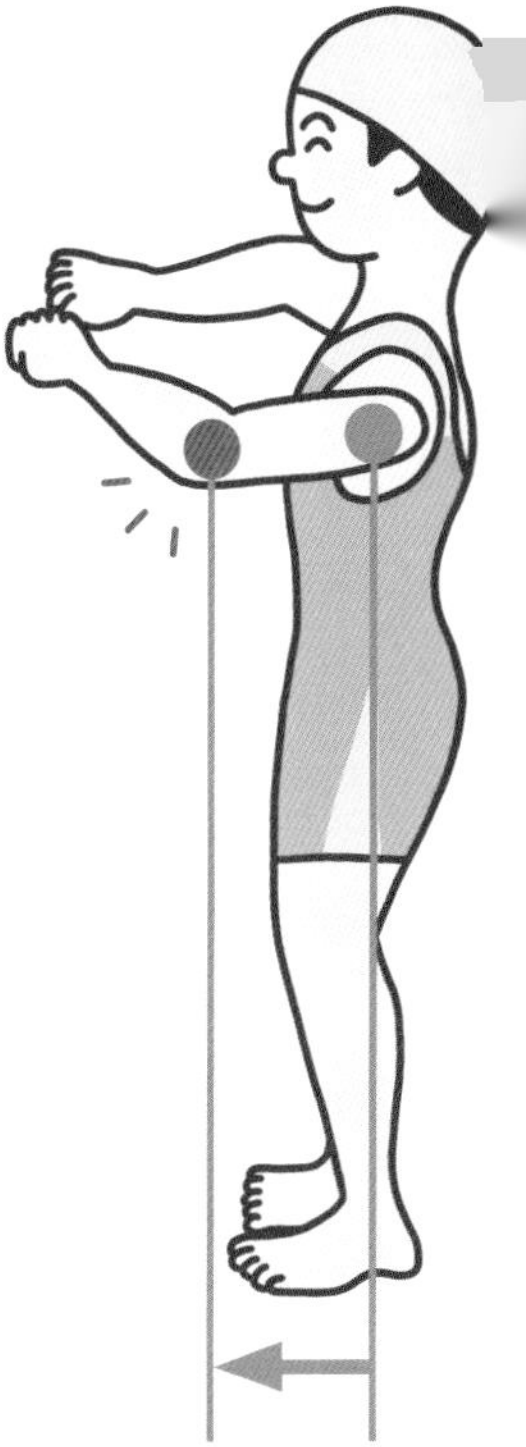

両脇を広げ、両肘が体よりも前にくるようにして肩を動かしましょう。このポジションだと無理なく水をかけます。肩も痛めません。

質問

3

泳いでいると足が疲れてしまいます

答え

空振りキックをしています。内股にして足の甲で水をとらえましょう

強く速く蹴ったほうがグングン進むと思ってやみくもにキックをしてませんか？　陸上とは違い水の中では、水をきちんととらえていない限り、空振りキックになってしまいます。前に進まないばかりか、無駄な動作でエネルギーを消費するので、疲れてしまうというわけなんです。

では、水を確実にとらえることができるキックとはどういうものでしょうか。よく「足の親指と親指をこすり合わせるようにキックして」と言われますが、ひざとひざをこすり合わせるようにキック、というのが正しいですね。

キックが上達する、ビギナーのみなさんのための練習が、左ページの腰掛けキックです。足の甲に水がひっかかる感覚を体験してください。

腰掛けキックをしてみよう

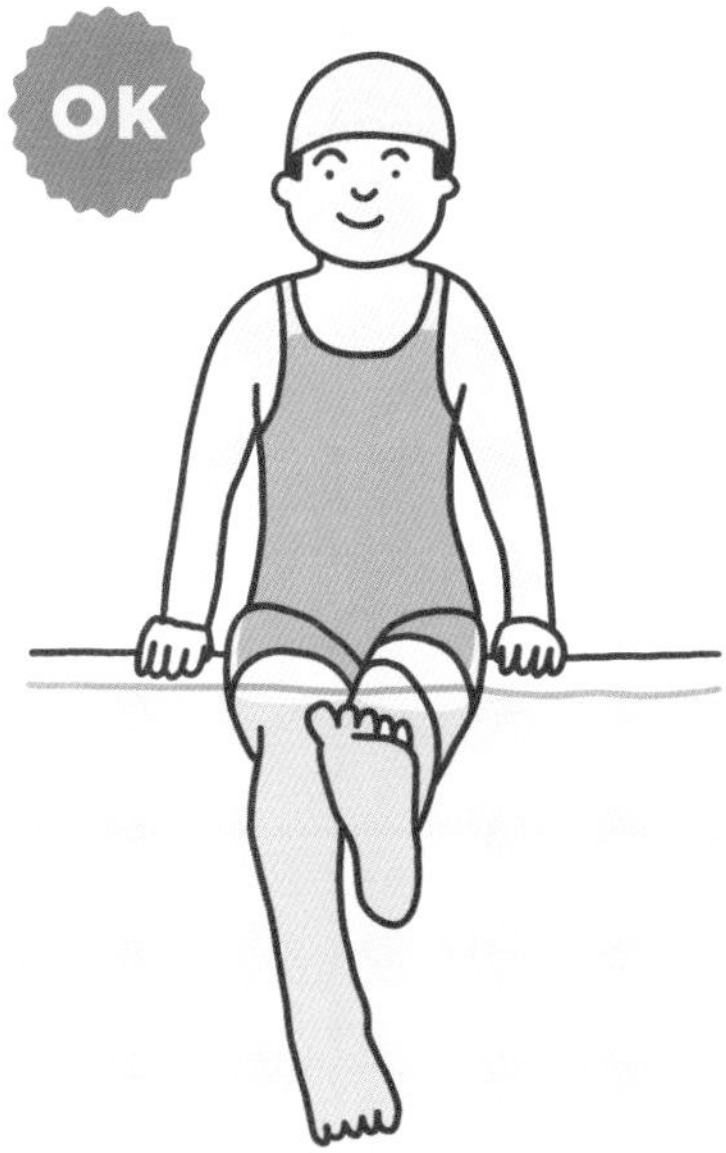
OK

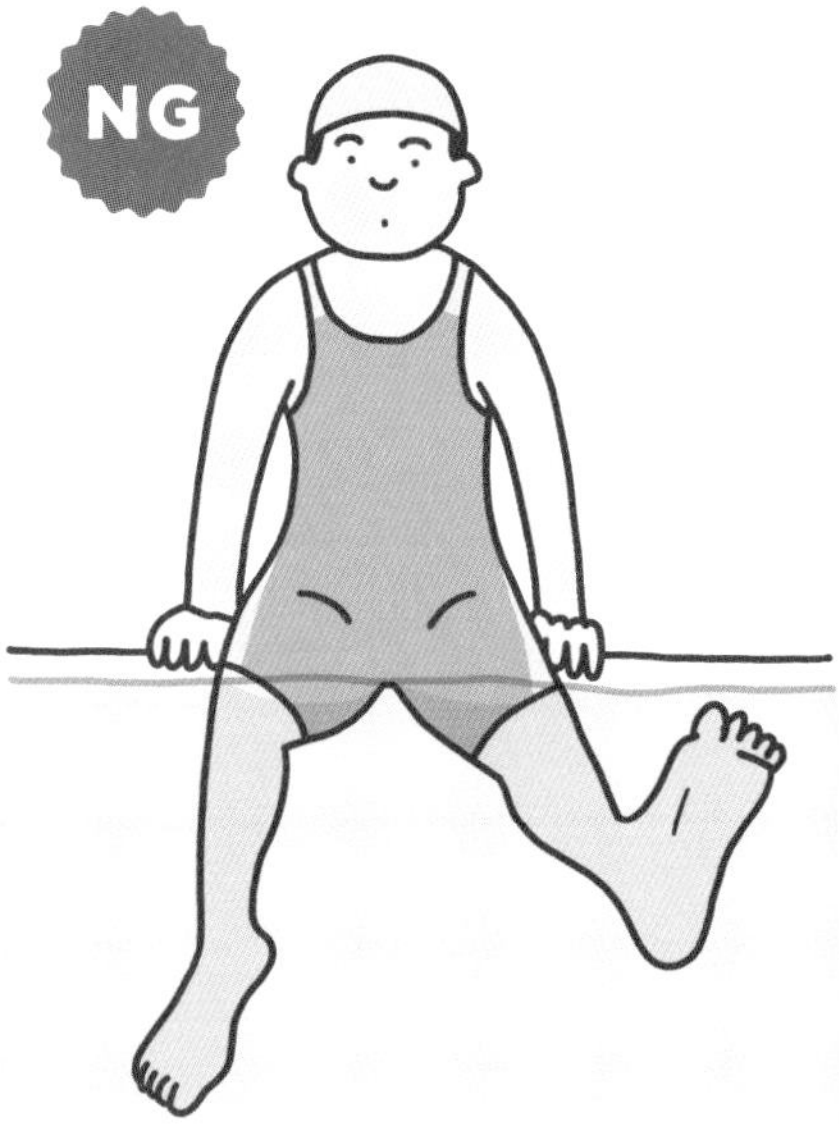
NG

プールサイドに座り、ひざとひざをこすり合わせるようにバタ足します。結果的に足の甲の小指の付け根あたりで水を押すようになります。

両足が外側に開いてしまうと、空振りになり水に力が伝わりません。ただ動かすだけのキックになってしまいます。また、足首に力が入ってしまうのもNGです。

ひざのこすり合わせ方は
タイトスカートを
はいたときの感じかも

質問

4

水が重くてかけません

答え

体の遠くで水をかいています。体の近くでかくようにして！

手だけで水をかこうとすると、脇が大きく開き体の遠くで水をかくことになり、水を重く感じてしまいます。そこでおすすめなのが、〝50㎝くらいの浅いプールで泳いでいるつもり練習〟です。手が底につかないように、手のひら、腕、肘を体の近くで動かします。前腕全体で水をつかむ感覚がつかめます。

プールが浅いイメージを持つと、前腕で水をかくことに。手をグーにして泳いでも、前腕で水をつかむ感覚がつかめます。

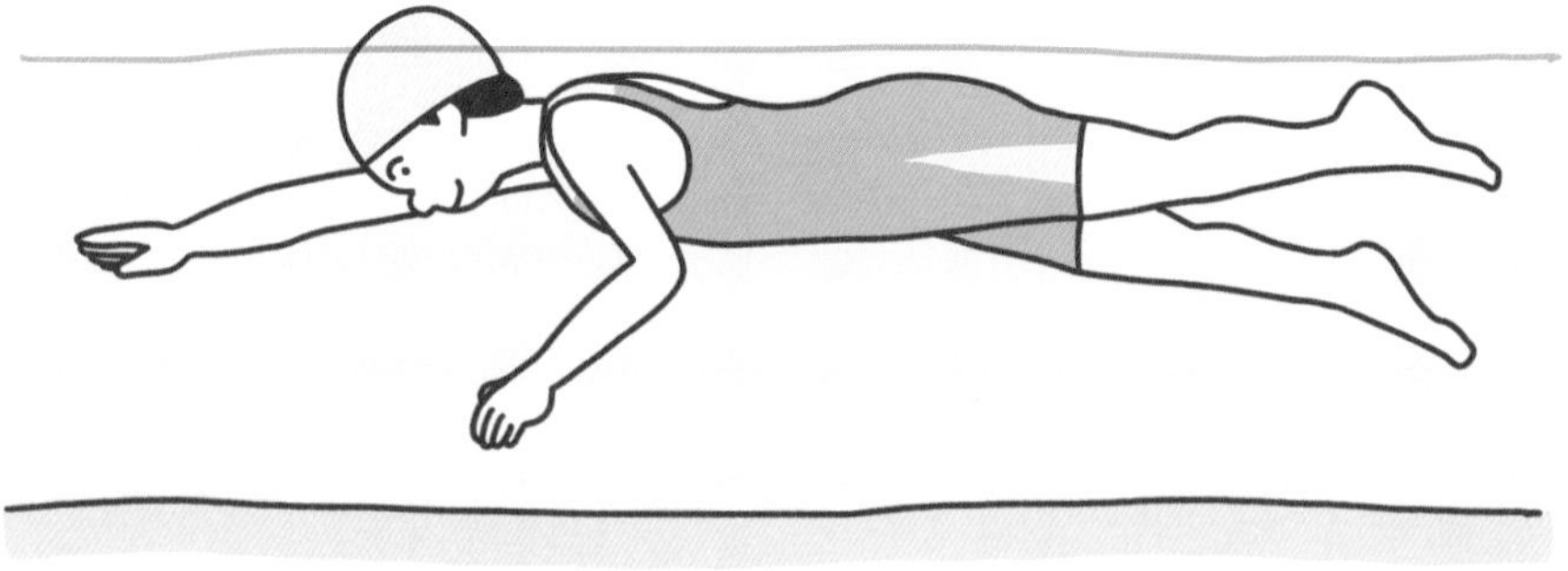

質問

5

体がかたくて、腕が上がりません

答え

脇腹がかたい可能性も！ストレッチをしましょう

肩にケガはしていないし、五十肩でもない、なのに水泳をすると肩が痛い、それは肩に原因があるのではなく、脇腹の筋肉がかたくなっているからかもしれません。脇腹部分がかたくなると腕が上がらず、無理に上げようとすると、肩まわりに負担がかかり痛めてしまうのです。ストレッチをして柔軟な脇腹に！

肩幅に両足を開き、右手を上げて腰を右にスライドさせながら、体を弓なりにします。このとき右脇の下、腰、骨盤の側面をしっかり伸ばします。

2人で手をつないで足をつけ、引っ張り合って脇腹を伸ばしてもOK。

質問

6

入水のとき、手を前に伸ばしてといわれますがうまくできません

答え

肘を前に伸ばす感覚で行いましょう

みなさん、腕のはじまりはどこか知っていますか？

正解は、鎖骨と鎖骨の間にある胸鎖関節。ですから、手を前に伸ばしてと言われたら、鎖骨から腕を前に出すように意識すると、グーッと前に伸びます。それでも感覚がつかめなかったら、肘だけを前に伸ばす感覚で行ってみましょう。P60も参考にしてください。

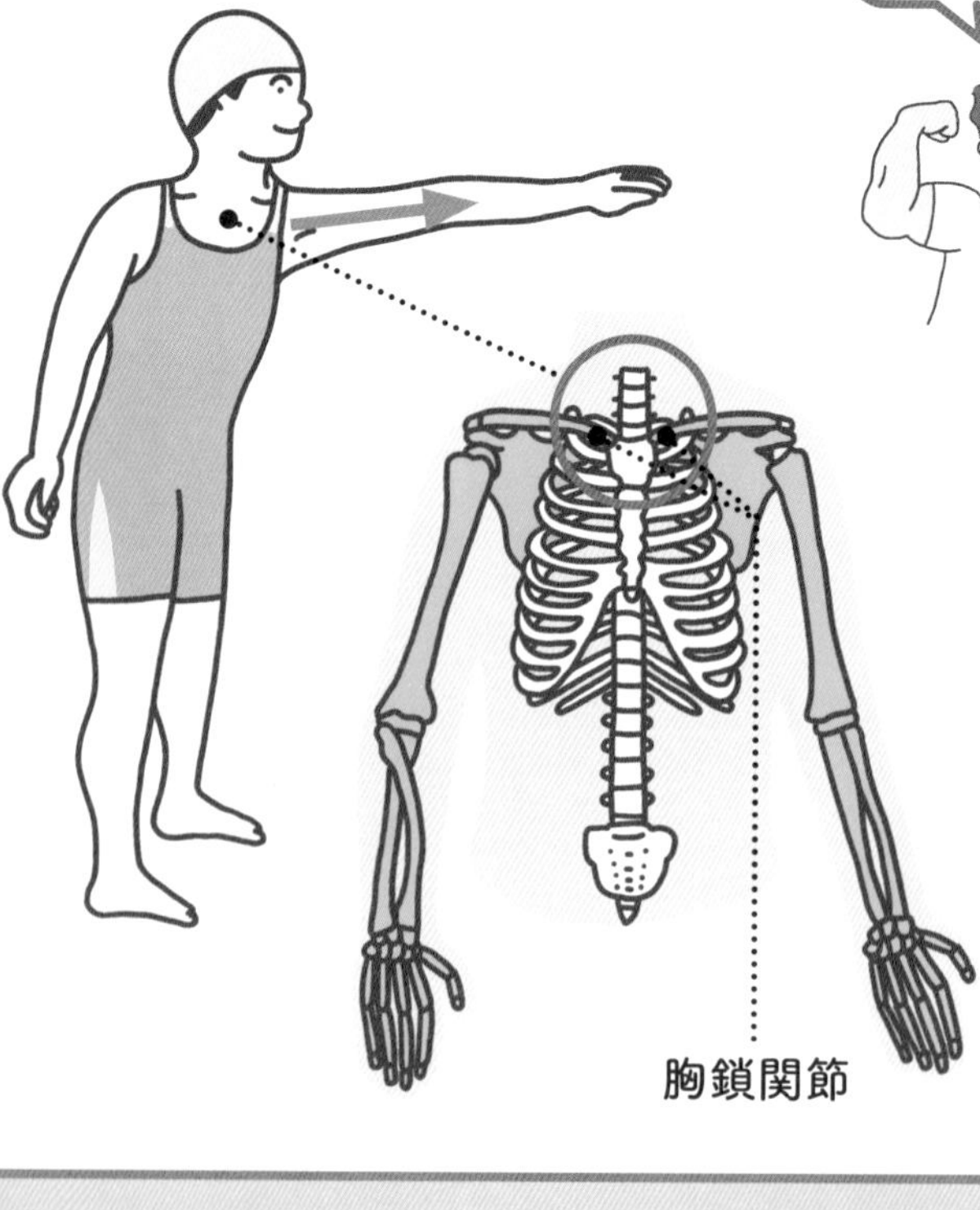

鎖骨と腕の骨はつながっています。鎖骨と肘の距離を広げる意識で動かしてみて！

質問
7
下半身が沈みがちです。どうしてですか？

答え
背中に力が入り過ぎているからかも。浮く姿勢を意識しましょう

下半身が沈む理由は、腰が反る、リカバリーや呼吸動作で顎が上がり過ぎるなど。どれも背中に力が入り過ぎ、浮心と重心が離れてしまうことで下半身が沈むのです。浮くためには、浮心(肺)と重心(丹田)を近づけること。まずは、34ページの猫背まっすぐ姿勢をとれるように練習しましょう。

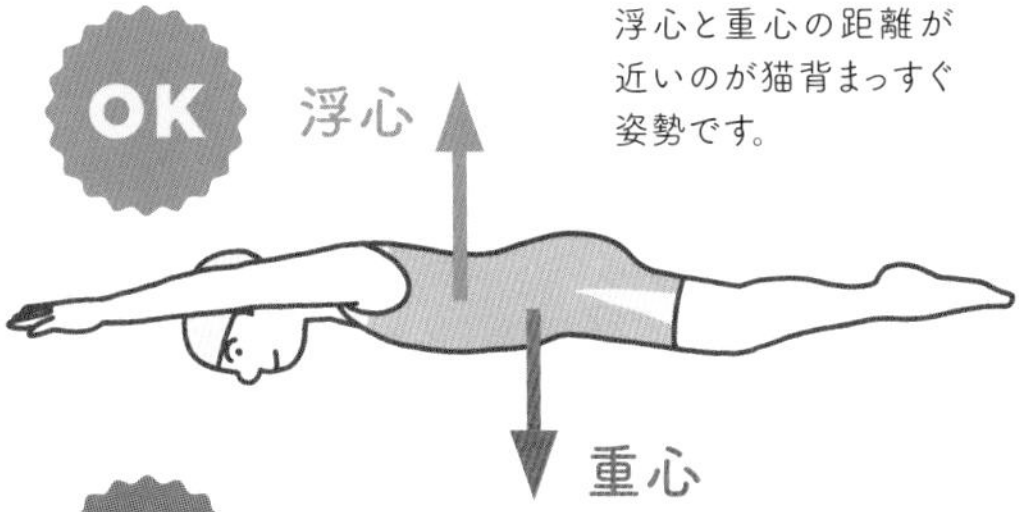

浮心と重心の距離が近いのが猫背まっすぐ姿勢です。

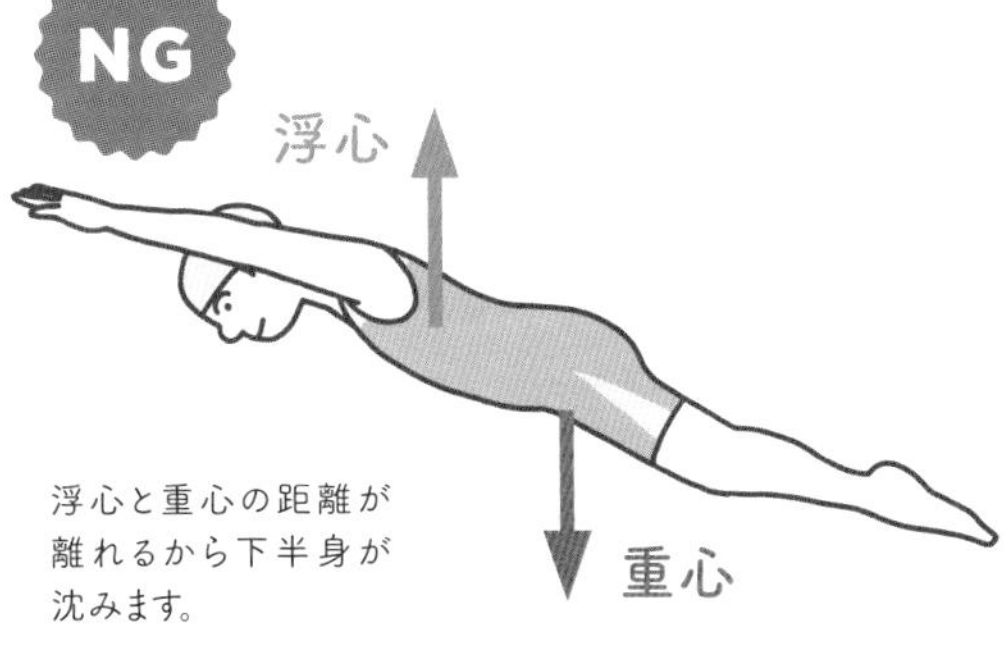

浮心と重心の距離が離れるから下半身が沈みます。

質問

8

伸ばしている腕が沈みがちです

答え

肘を高くキープし、手は脱力しましょう

息継ぎするときに伸ばしている腕が沈みがちという悩みは多いようです。手に力が入ってしまうと沈みやすいので、肘だけに力を入れてまっすぐ伸ばしましょう。このとき手には力を入れないように。息継ぎしながらだと伸ばす手に意識が向きにくいですよね。48ページで紹介した片手クロールで練習するといいですね。

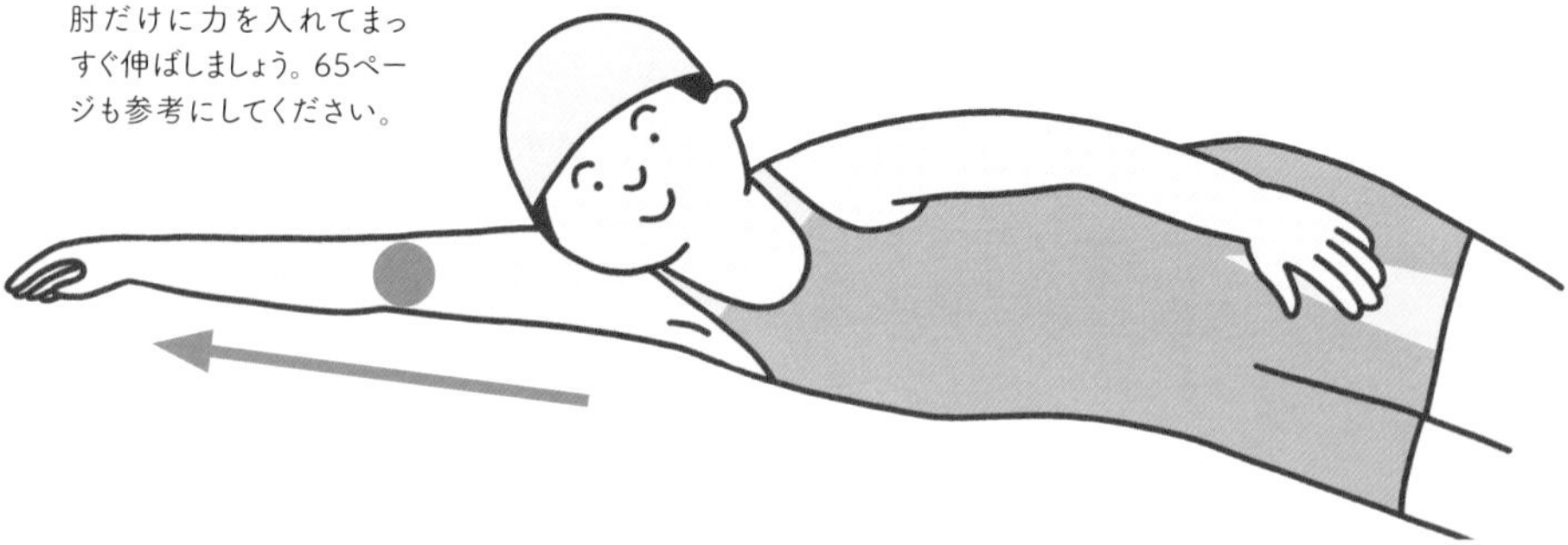

肘だけに力を入れてまっすぐ伸ばしましょう。65ページも参考にしてください。

質問

9

脚がよくつってしまうのですが……

答え

前日の脚の使い過ぎで、血行が悪くなっている可能性が……

水泳中に脚がつってしまう理由の多くは血行不良です。特に、脚の後ろ側に力が入ったときにつりやすくなります。血行不良の原因は前日にあることがほとんど。座りっぱなしだった、逆に長時間歩いたなど、疲労がたまり血行が悪くなっているのです。予防策としては、水泳前に準備体操をしっかり行うことです。

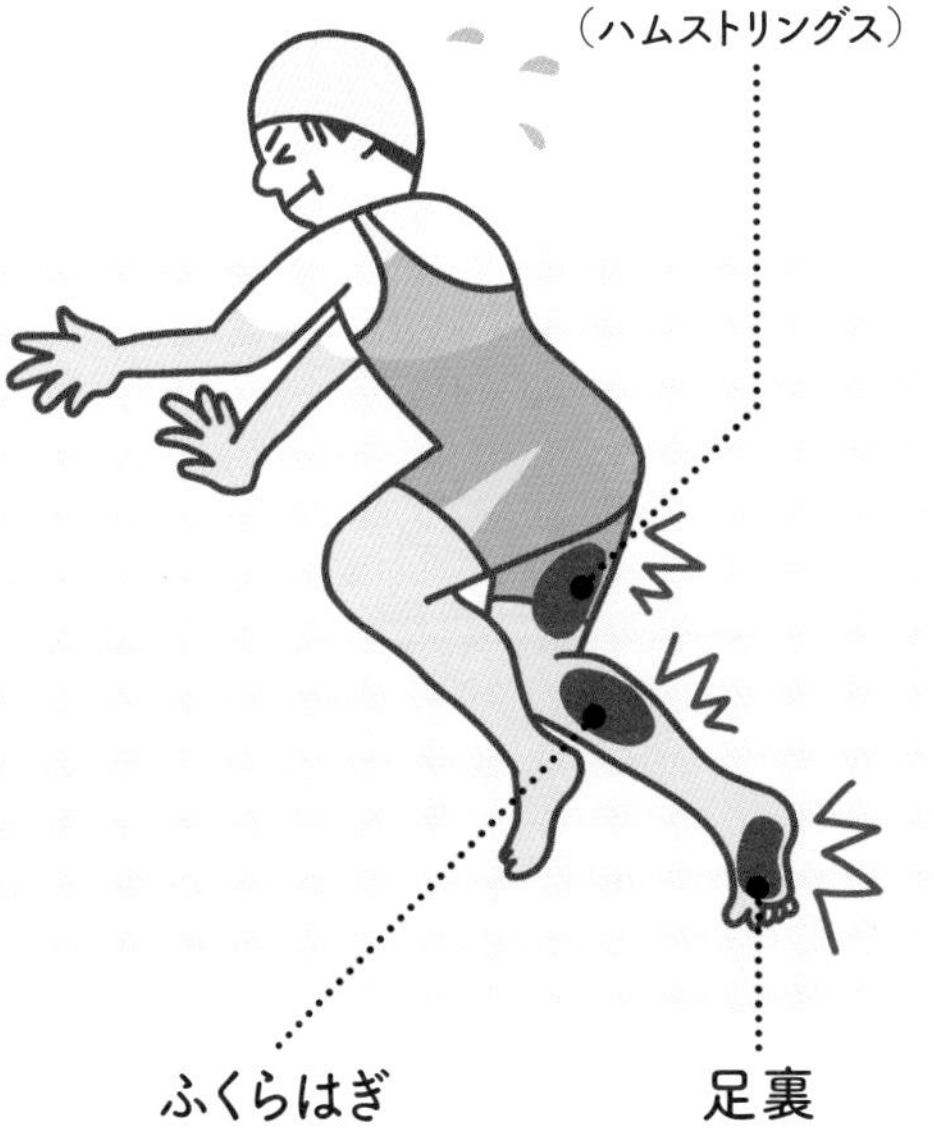

質問

10

水中をスーッと進みたい！どうすれば？

答え

入水してから腕をググ～ッと伸ばしてローリングをしてみましょう

前にスーッと進めないなら、手の入水とローリングが同時になってしまっている可能性大。なめらかな泳ぎのポイントは、入水のあとにローリングをする！です。そのための練習が、両手をバンザイの状態で揃えてからクロールをするキャッチアップクロール。入水↓ローリングの動作をゆっくり行っていきましょう。

OK 入水したときはまだローリングをしていません。

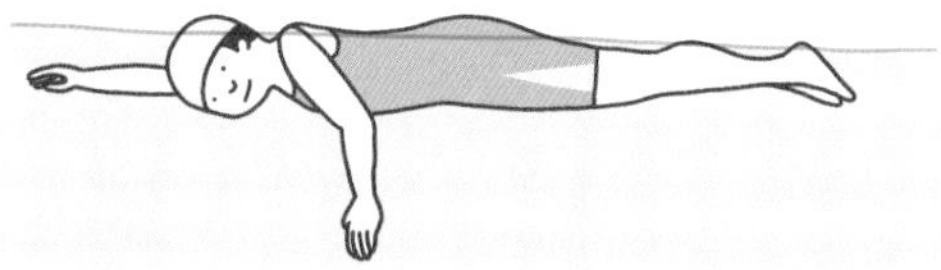

NG 手の入水とローリングが同時のタイミング。

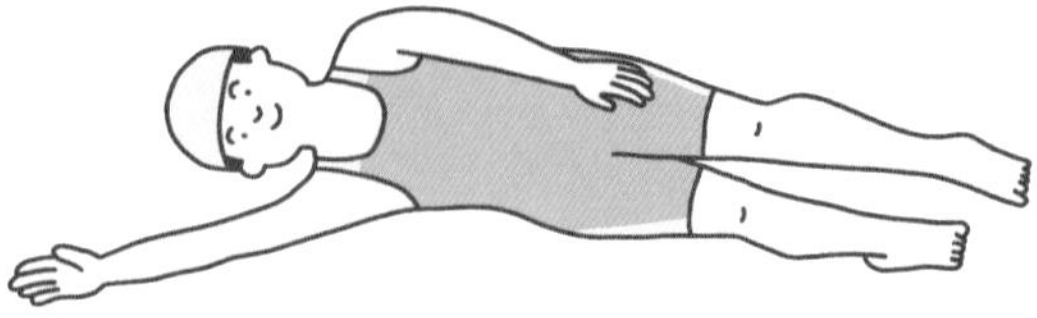

キャッチアップクロール

1

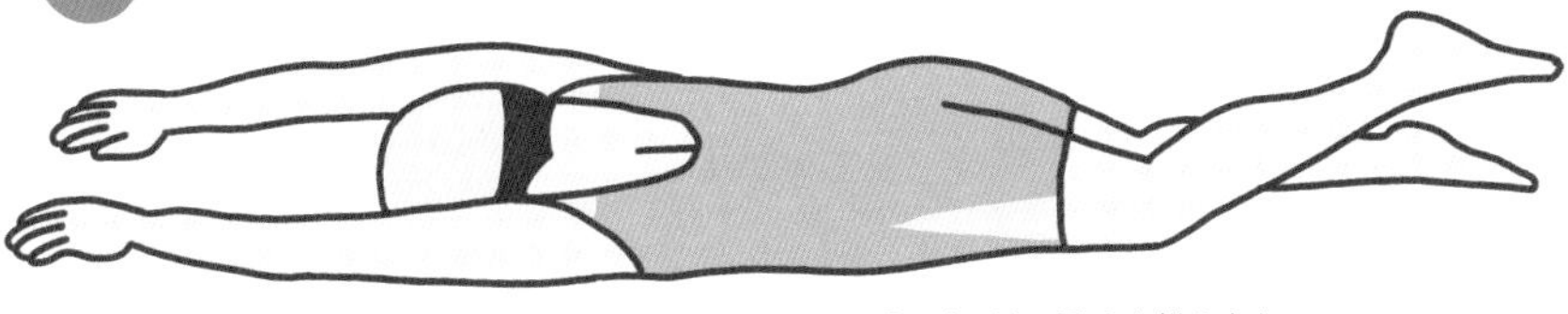

バタ足しながら、両手を揃えます。

2

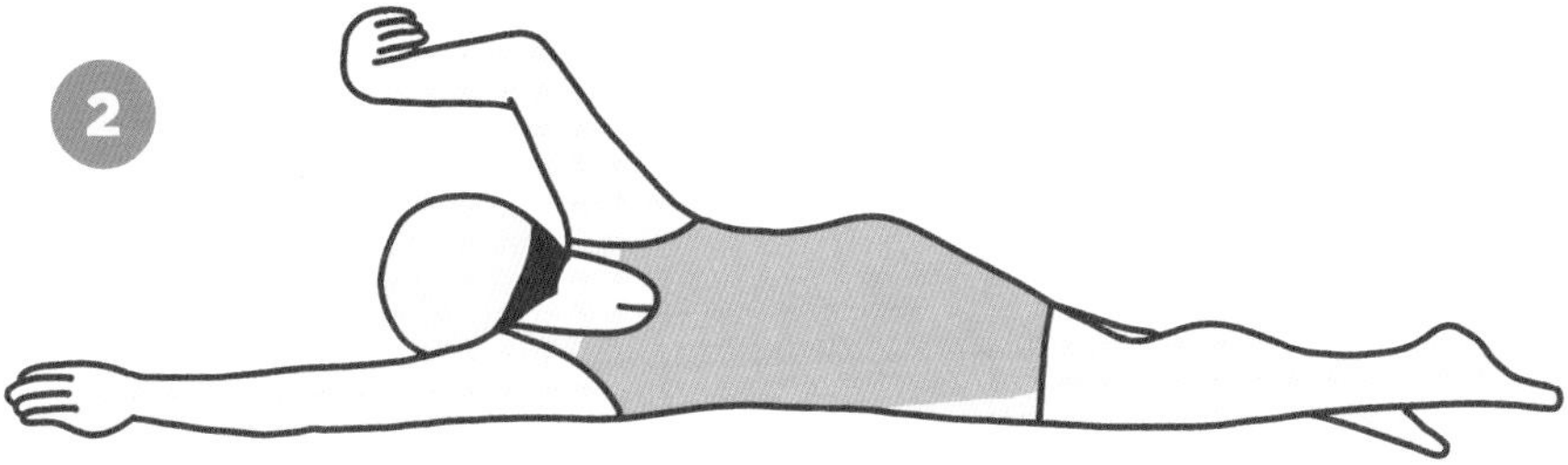

バタ足をしながら、右手だけクロールします。

3

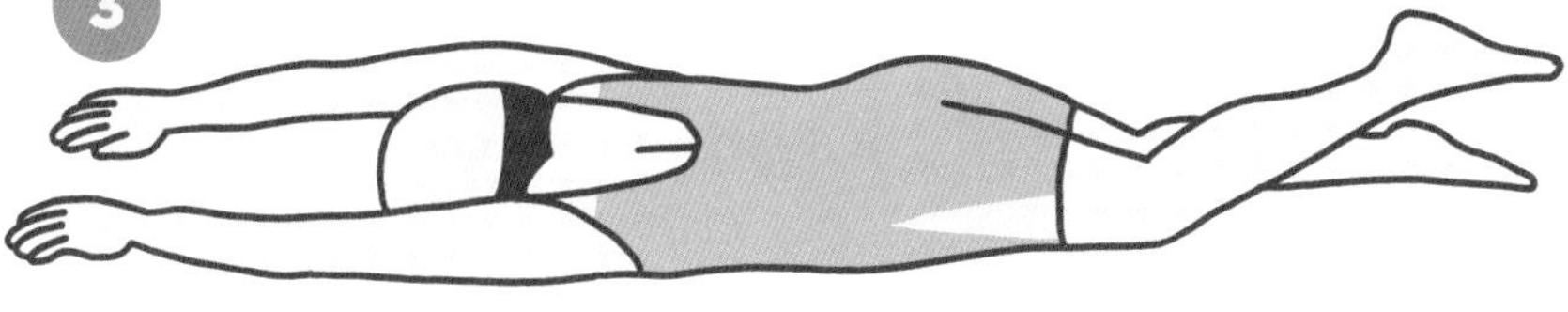

バタ足しながら、右手をもとに戻し、両手を揃えます。

4

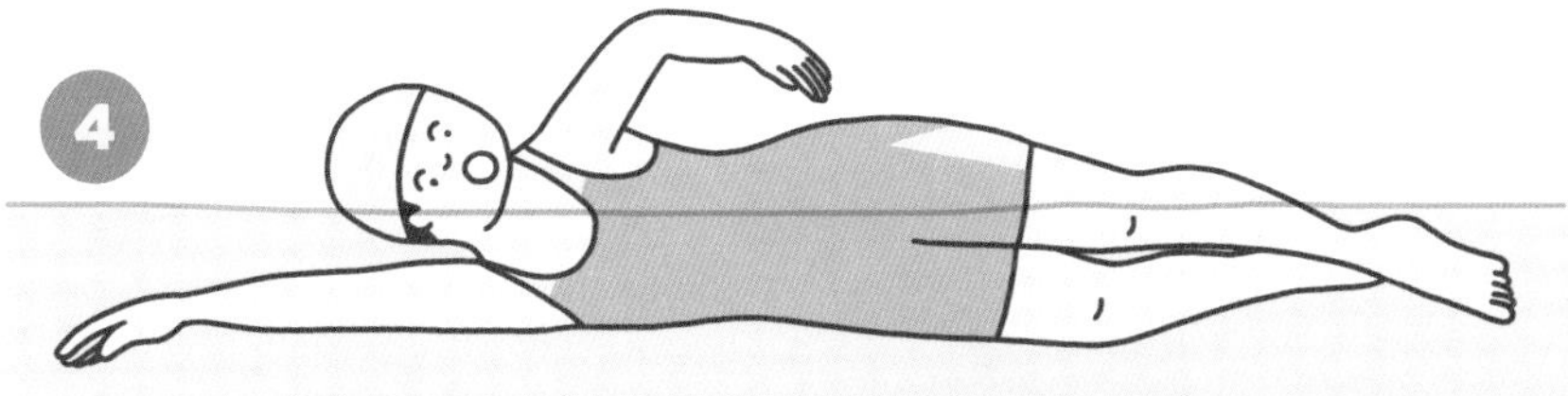

バタ足しながら、左手だけクロールし両手を揃えます。
息継ぎをしてもOK。

質問

11

蹴伸びでなかなか距離が伸びません

答え

お尻に力を入れてくるぶしをつけると伸びが変わります

これはそもそも論なのですが、泳ぐときは体を浮かすこと、蹴伸びのときは水の抵抗を減らすことが目的となります。つまり蹴伸びで距離を出すには、水の抵抗が少ない流線形（P16）に近い姿勢をとることが最優先です。お尻を締めてえくぼを作り、内くるぶしをつける、蹴伸びのときにこの姿勢になっているかチェックしてみて。

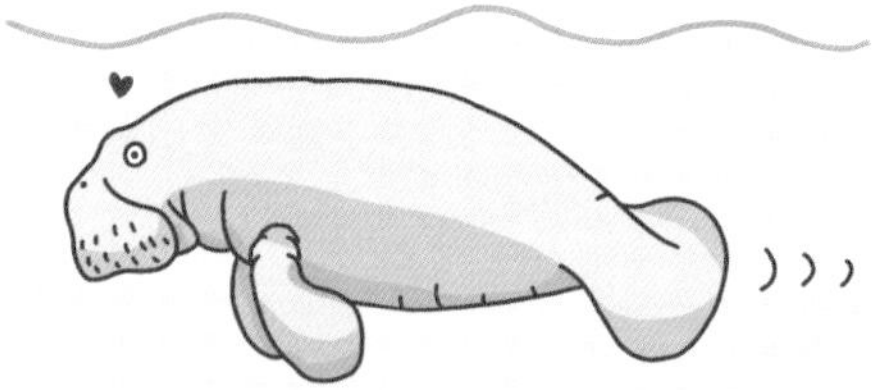

泳ぐときは体を浮かす

蹴伸びのときは
抵抗を減らす

質問

12

キャッチがうまくできません

答え

かきはじめの姿勢が大切です

「肘を立ててキャッチして」と指導するコーチもいますが、私はかきはじめの姿勢が大切だと考え「肩から落とさないように」という言い方をしています。キャッチが苦手な人は下図の青線の位置でキャッチしており、これだと手よりも肩が落ちて肩に負担がかかります。赤線の位置でキャッチできれば肩への負担も減ります。

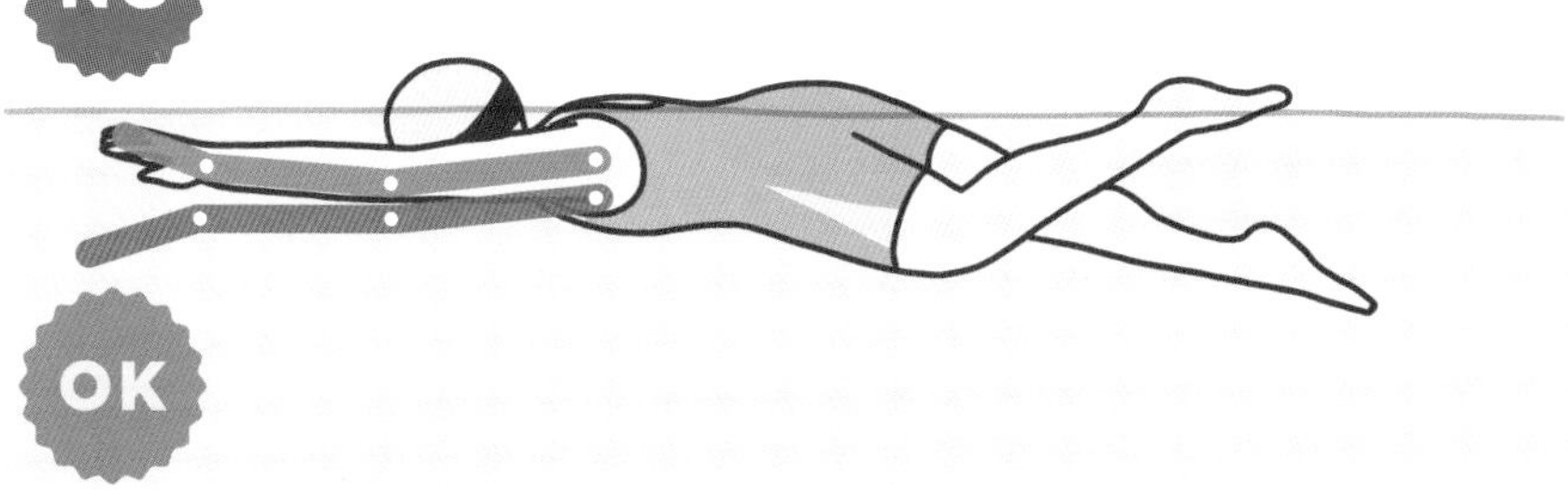

青線の位置でのキャッチは肩を痛めます。赤線の位置でのキャッチをできるようになったら、手のひらで水をポンと押すようにして次の動作に続ける練習を。

質問

13

腕の動きのS字ってどうやるの？

答え

腕を動かす3ステップを覚えましょう

クロールのプル動作を左ページにある3ステップで見ていきます。

クロールのプルはS字ストロークといいます。左ページの3ステップをしながらローリングをすると自然とS字ストロークになります。水をかくときは、手のひらを反らせると、水をしっかりつかむことができます。指先は丸まらないように。

OK 正しくは手のひらを反らせる

NG 初心者は手がショベルカーになりやすい

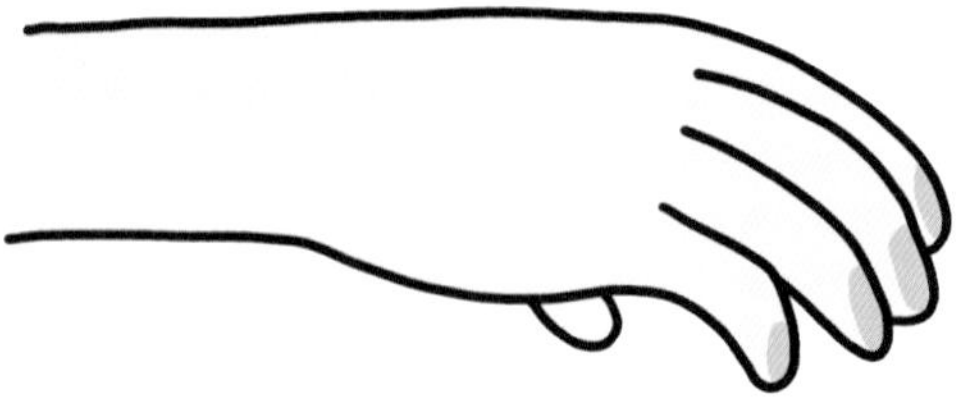

S字のステップを覚えよう

STEP 1 右手を肘から曲げる

腕を伸ばしたところから肘を曲げて、腕と顔で三角形を作ります。ストロークでいうキャッチです。

STEP 2 肩の力を抜いて肘を落とす

手を反らせたまま脇を締めていきます。初心者はここで脇を締めないで手だけ動かそうとしがちなので気をつけて。ストロークではプルになります。

STEP 3 腕を内腿に向かって伸ばす

そのまま手を内腿のほうに伸ばしながら、水を押します。ストロークではプッシュです。

ローリングすることで
左のように
S字になります

質問

14

背中を使って泳ぎなさいといわれるけどどうやっていいかわかりません

答え

手と肘を意識して水をかいてみましょう

腕や脚に頼り過ぎず、もっと体幹も使って泳ぎなさいということです。体幹とは腕と脚を除いた胴体の部分。背中の広背筋という大きな筋肉を使って泳げば、より楽に泳げるようになります。広背筋を上手に使うには、手と肘、いわゆる前腕の使い方が大切です。左ページのドリルで、前腕で水をつかむ感覚を養いましょう。

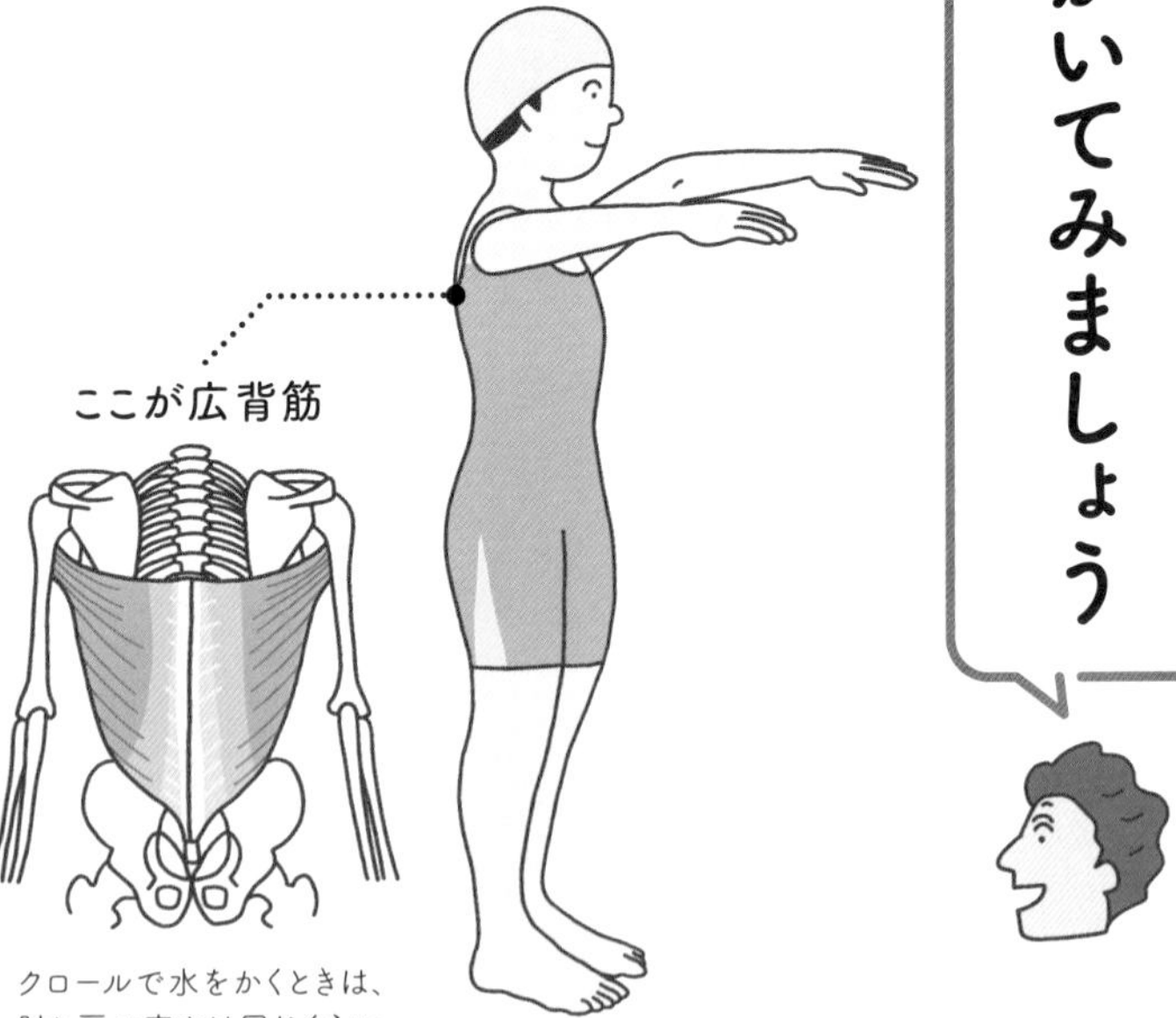

クロールで水をかくときは、肘と肩の高さは同じくらいに。前腕で水をつかむことで広背筋が使えるように。

前腕で水を押す感覚をつかむ ❶

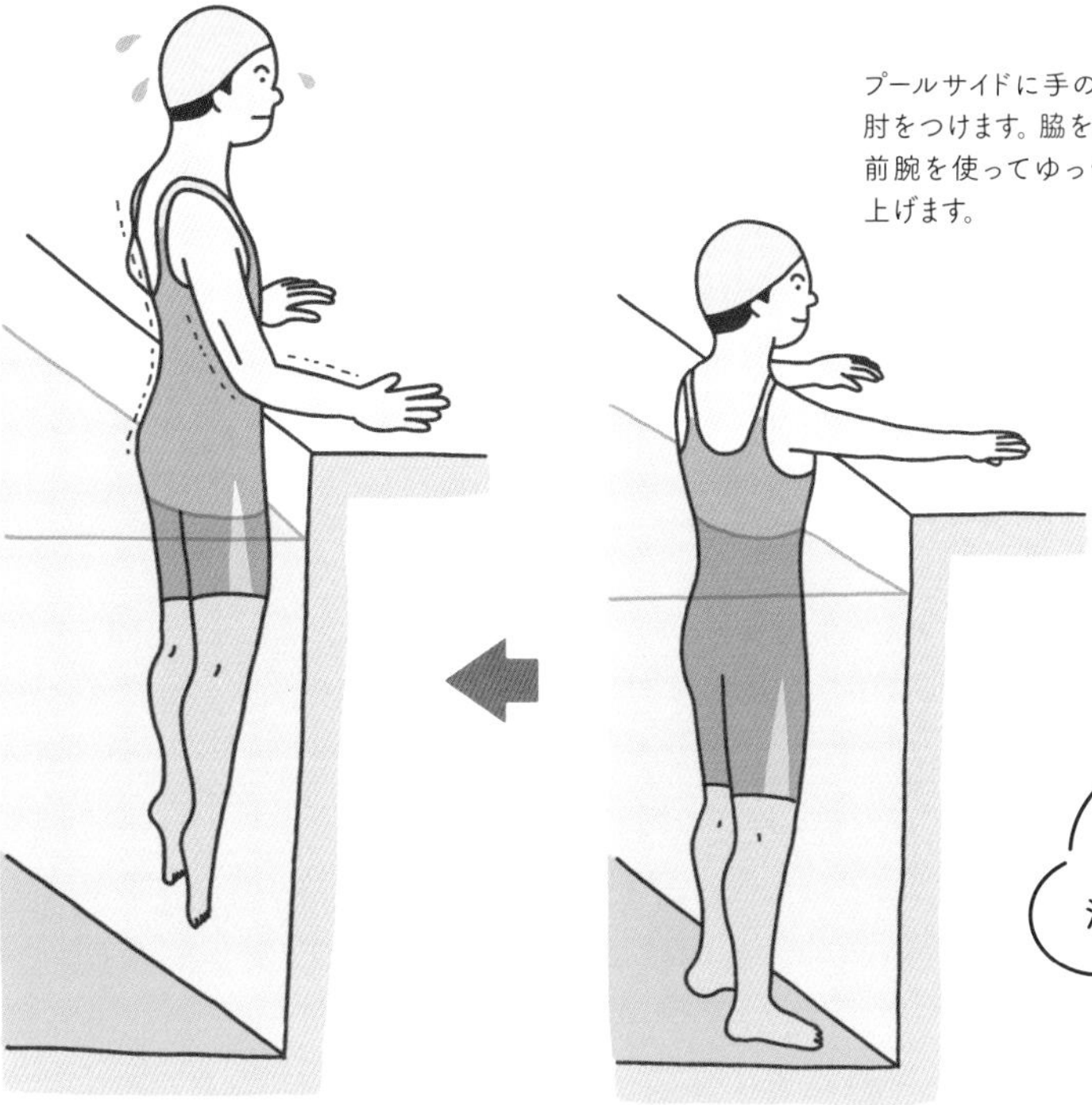

プールサイドに手のひら、前腕、肘をつけます。脇を締めながら、前腕を使ってゆっくり体を持ち上げます。

前腕で水を押す感覚をつかむ ❷

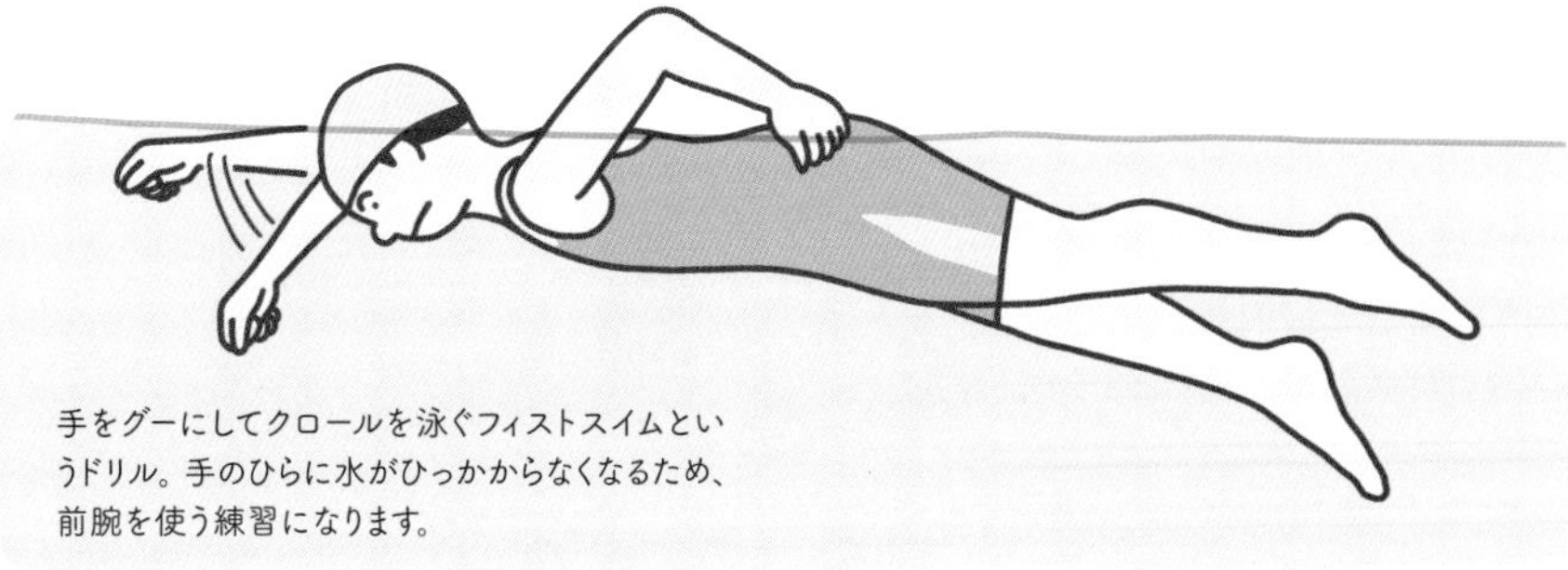

手をグーにしてクロールを泳ぐフィストスイムというドリル。手のひらに水がひっかからなくなるため、前腕を使う練習になります。

COLUMN 2

性別や身長で教え方が違う!?

筋肉量が多い男性は沈みやすい!
浮く練習がとても大切です

下半身が沈むと水の抵抗が大きくなり、体力を消耗します。大きな筋肉がある下半身はもともと沈みやすいのですが、男性と女性を比べると、男性のほうが下半身が沈みやすいのです。生物学的に男性の筋肉量が女性よりも多いというのが原因です。そこで、男性を指導するときには、沈みがちな下半身に意識を向け水平姿勢を保つことに注力してもらいます。

また、背が高いほど浮心（肺）と重心（丹田）が離れるので、下半身が沈みやすいです。性別だけでなく、身長が高いのか低いのかという点も指導に関係してくるのです。

つまり、男性で身長の高い人は、下半身が特に沈みやすくなるということなんです。あてはまる方は心にとめておくといいかもしれません。

PART 3

3つの泳法のコツと お悩み解決

背泳ぎ→平泳ぎ→バタフライ この順が3泳法制覇の近道！

パート2のクロールの世界はいかがでしたか？　知らなかったこと、間違って覚えていたこと、思い込みだったことなど。これまでのクロールに対する知識がアップデートされたならうれしいです。

パート3では、背泳ぎ、平泳ぎ、バタフライを取り上げます。私はクロールだけ泳げればいいんですけど……そんな悲しいことといわないでくださいね。

私はみなさんにぜひとも4泳法をマスターしていただきたいと思っています。水泳の楽しみが広がりますよ！　好きな泳ぎではなく、得意な泳ぎというのも見つけることができます。得意な泳ぎが見つかると、もっとうまくなりたいと思うものです。自分の可能性をどんどん広げることになるんですね。私はマスターズチームの監督をしていますが、メンバーは大人になってから水泳をはじめたという方ばかりなんです。上達したいという思いがマスターズへの挑戦につながるケースもあります。ひとりでも多くマスターズに興味を持っていただけたらうれしい……そんな思いもあります。

さて、話を戻しましょう。

水泳は、クロール→背泳ぎ→平泳ぎ→バタフライの順に学ぶと効率的です。背泳ぎは仰向けでクロールを泳いでいるようなものなので、誤解を恐れずにいえば泳ぎ方は同じです。平泳ぎとバタフライはウェーブ系の泳ぎといいます。うねりながら進むという共通点があり、体重移動など体の動かし方は同じなので、続けて学ぶとスムーズです。クロールと同様に、各泳法の姿勢、キック、プル、呼吸動作のコツを解説！　それぞれよくある悩みにもお答えしています。

紹介した泳ぎ方のコツは、マスターズに出場されているスイマーにも教えています。すると「今まで知らなかったので、理解できてよかった」「目からうろこです」といった声をいただきます。

それでは、3泳法の世界へどうぞ！

背泳ぎってこんな泳ぎです！

プルが見えない！だから極めるのが難しい！

水をかく場所が少ないうえに、両手の動作が見えない背泳ぎのプル。極めるには、4泳法の中で一番時間がかかる！

ベテランでも壁に頭をぶつけます

ターンの際にプールの壁に頭をぶつけることは珍しくありません。初心者でもベテランでも同じ！5mフラッグをしっかり見て泳ぎましょう。

顔が出ているので呼吸動作はなし!

顔が水上に常に出ているのは背泳ぎだけ。楽に呼吸しながら泳げます。レース後、多くの選手たちはこの泳ぎでクールダウン!

慣れない進み方に恐怖心が生まれる!

背泳ぎは上向きで、頭の方向に進みます。見えない方向に進むので、慣れないうちはそれだけで恐怖心を覚える人も。

キックで進む泳ぎ。プッシュを重視して

クロールよりも、キック動作から得る推進力が大きい! 腕の動きでは、キャッチよりプッシュが推進力を生みます。

背泳ぎを動画でチェック!

背泳ぎのコツ
呼吸

“鼻かみ呼吸”で水をしっかりブロック

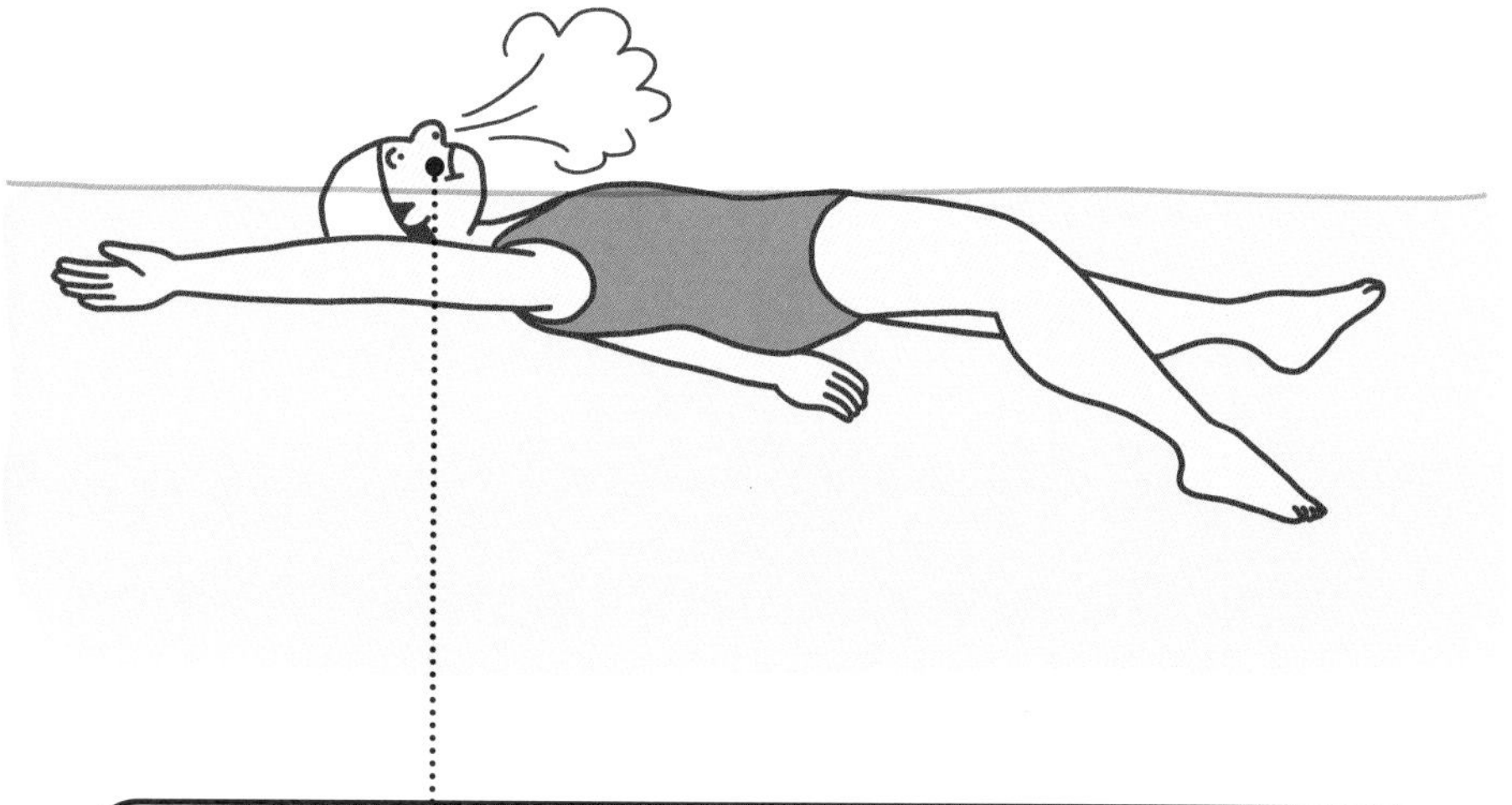

鼻から息を吐き出さないと、たとえ息を止めても水は鼻に入ってきます！阻止するために、ティッシュで鼻をかむように思い切り鼻から息を吐きましょう。

手を入水するときに〝鼻から吐く〟を実践！

背泳ぎは、常に顔が水上に出ているので、顔を上げるという呼吸動作はありません。パート1（P20）でも説明したように、口から吸って鼻から吐くという呼吸をするだけでいいので楽なはずです。それでも「呼吸が苦しい！」と言う人はいるんですね。顔が沈んでうまく呼吸ができていない、あるいは息を止めてしまっているケースです。改善するにはまずは〝鼻かみ呼吸〟をやってみましょう。自然と呼吸がスムーズに！

下のドリルで水に浮く水平姿勢も練習しましょう。

ドリルにトライしよう

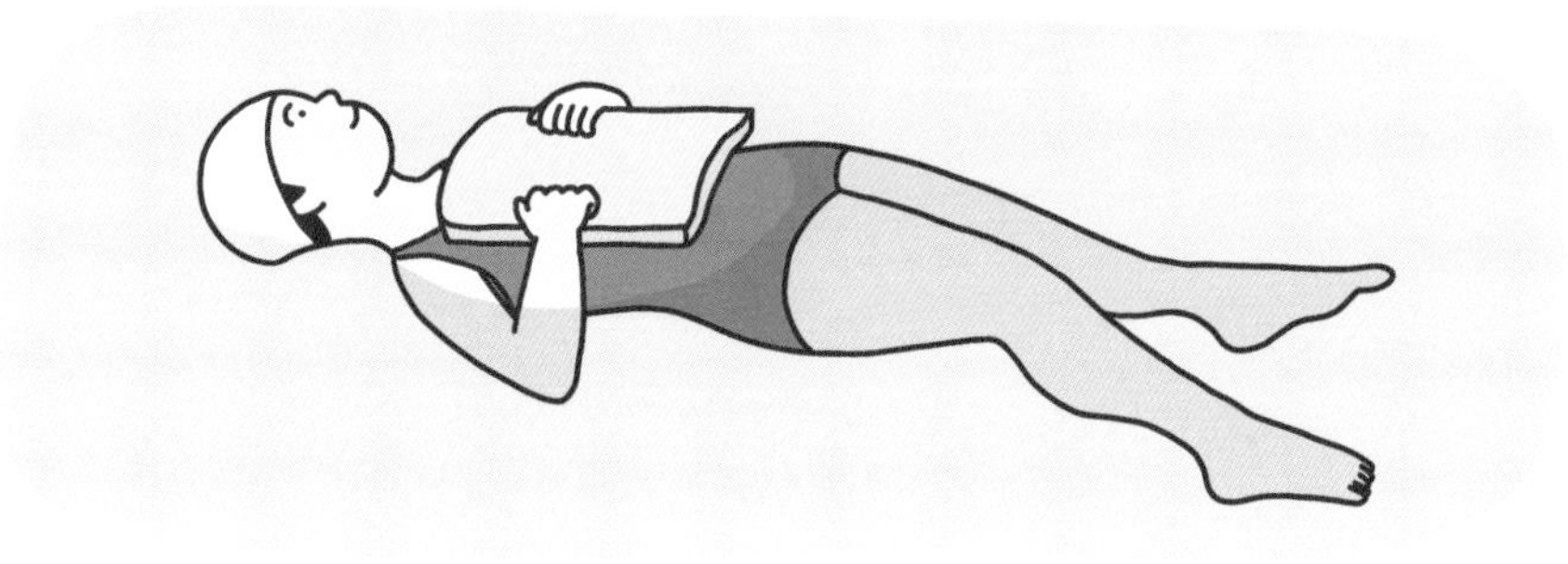

ビート板を胸にあてて持ち、背泳ぎのキックをします。

動画でチェック！

背泳ぎのコツ

姿勢

体を浮かすために“ハンモック姿勢”を維持

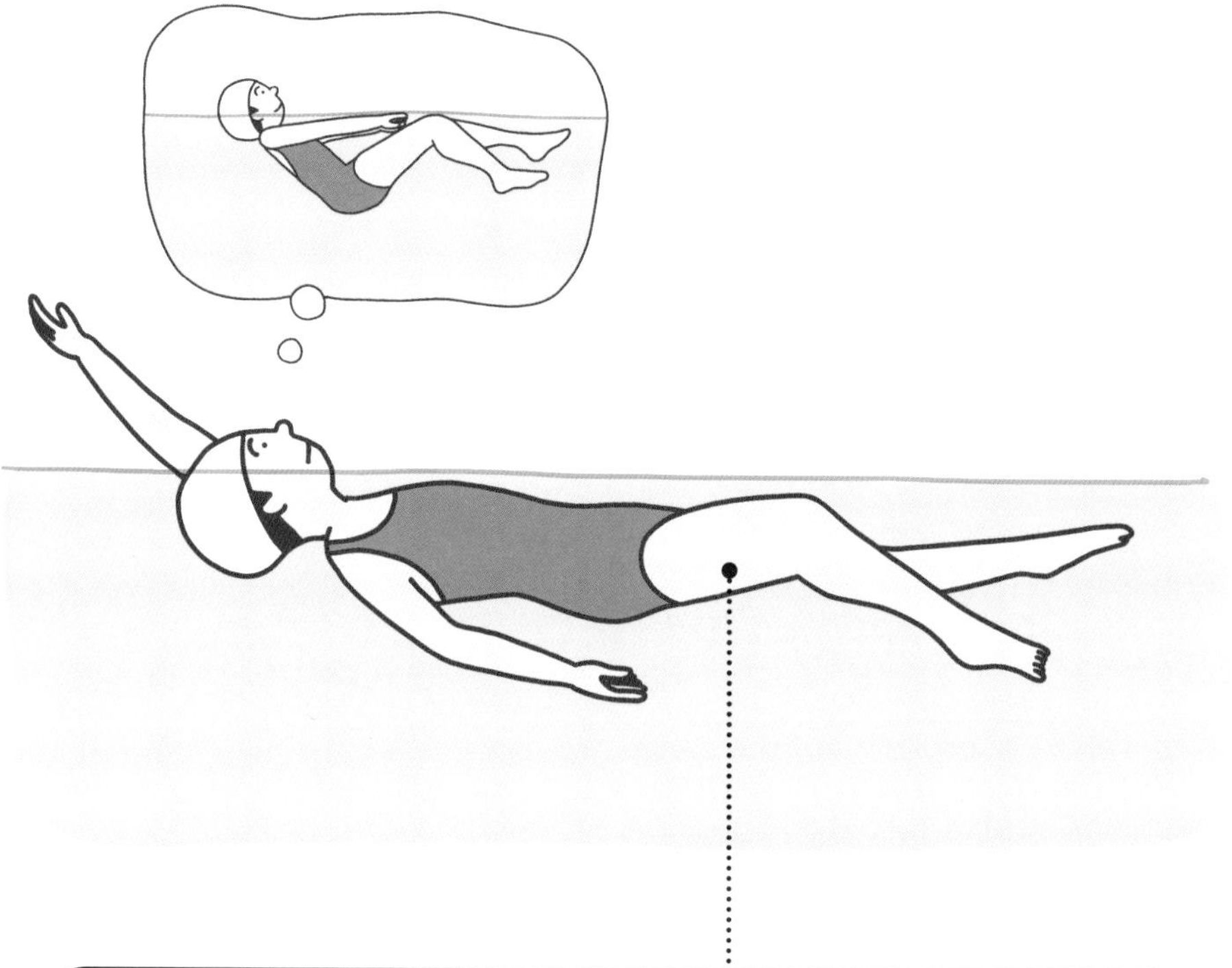

背泳ぎは、ハンモックに寝ているような姿勢が基本。顎の位置は水面ぎりぎりで目線は頬骨か鼻のあたりに向けるとこの姿勢になります。顎を開くと下半身が沈んでしまうので要注意！

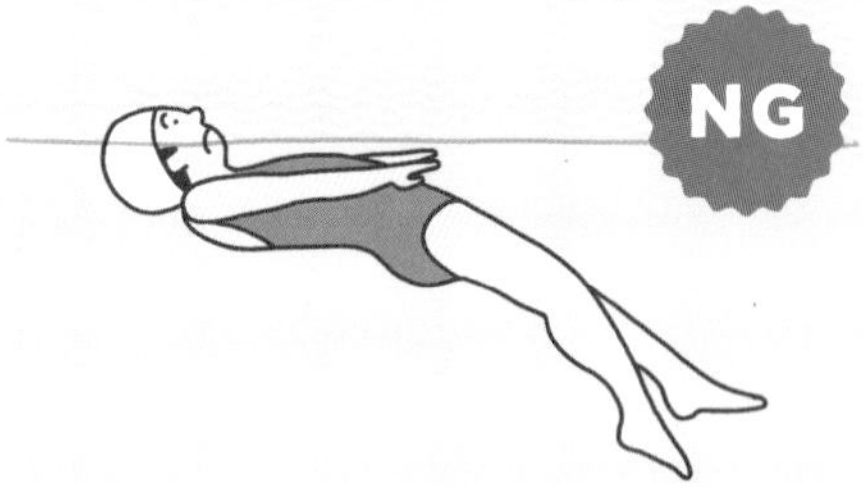

ハンモック姿勢はクロールの姿勢と同じ!?

背泳ぎの姿勢って難しそう……そう思っていませんか。ところが、正しいクロールの姿勢ができれば、それほど難しくないんですね。なぜなら、クロールは下向き、背泳ぎは上向きという違いはありますが、姿勢はほとんど同じなんです。34ページでクロールのコツ〝猫背まっすぐ姿勢〟を取り上げましたが、簡単に言うと、このまま上向きになれば背泳ぎの姿勢になるのです！

　ビギナーに背泳ぎを教える際、まずやっていただくのが、沈まないで浮く背浮きの練習です。これができればハンモック姿勢はできたも同然です。

背浮きの練習だよ

レベル 1

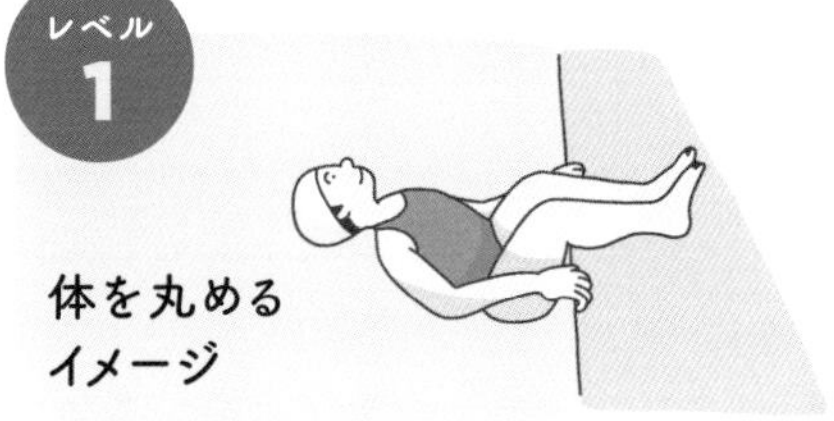

プールサイドに手をかけ、ひざを直角に曲げ、裏腿は壁につけて耳を水に入れます。

レベル 2

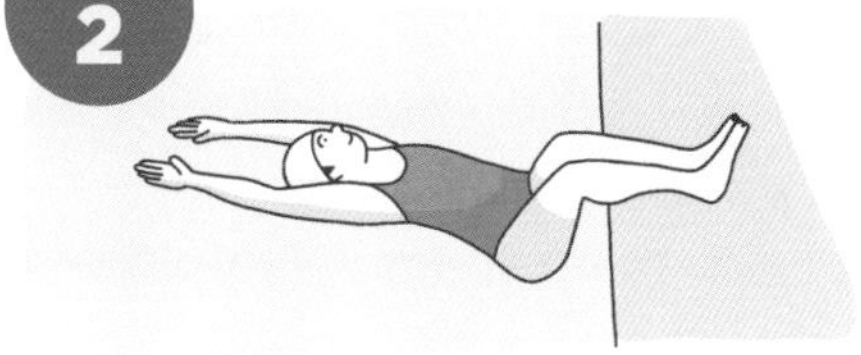

レベル1の姿勢を保ったまま両手を上げます。体の力は抜いて水にあずけます。

レベル 3

レベル2の姿勢のままひざを伸ばします。腰を反らしてしまうと顔が沈むので注意して。

レベル 4

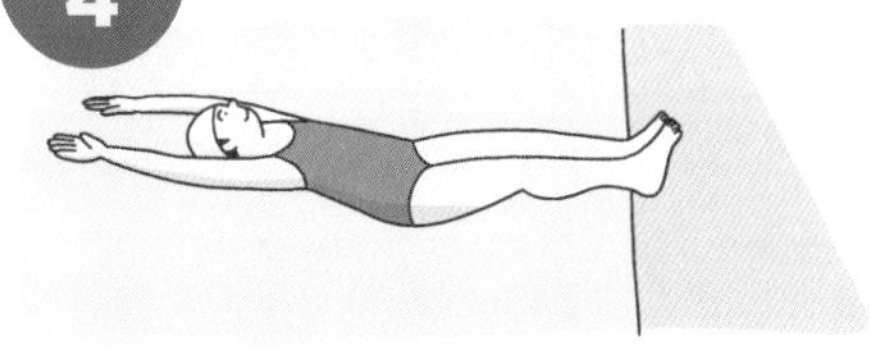

レベル3から足を移動させてプールサイドに両かかとをひっかけ、体を水に入れて浮かせます。

動画でチェック！

背泳ぎのコツ

キック

“前腿上げキック”で下半身沈下を防ぐ

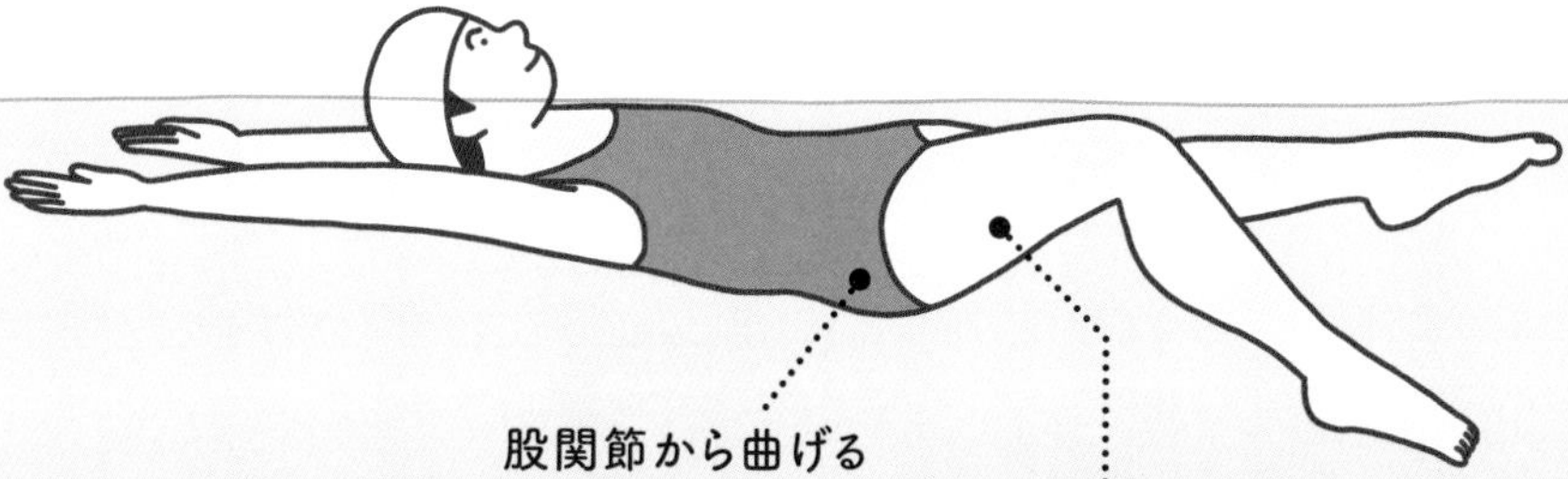

背泳ぎのキックのコツは、陸上でつま先を地面につけたまま足踏みする、そんなイメージです。ひざではなく股関節から動かすことで、自然とお腹に力が入ります。

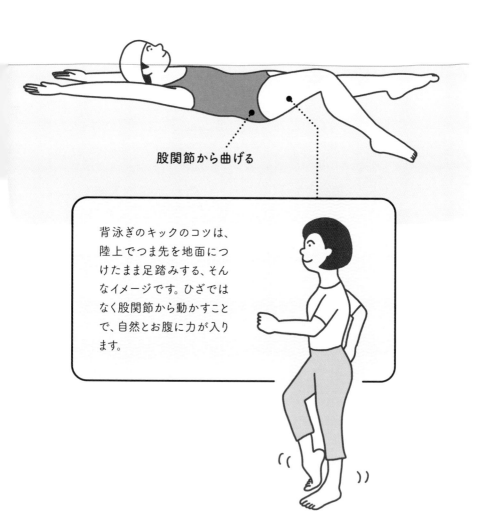

キックは股関節の回転 太腿から動かす

これは4泳法すべてに言えることでP38で触れましたが、キックは股関節から動かすのが基本。右ページの〝前腿上げキック〟も股関節から動かします。キックは足の上下運動ではなく、股関節の小さな円運動と覚えてくださいね。こうしたキックが打てればお腹にも自然と力が入ります。78ページのハンモック姿勢もとりやすくなるんです。

下図は前腿上げキックのドリルです。コツはひざと足先を水面近くまで上げること。早速トライしてみましょう。

背泳ぎのキック

意識すべきは股関節

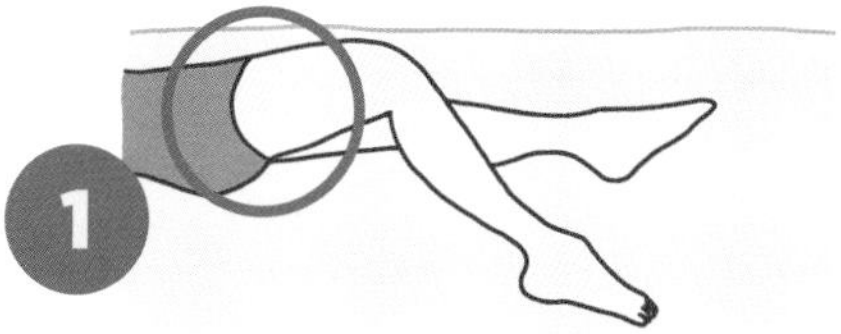

股関節で円を描くように動かすことで太腿が上がります。

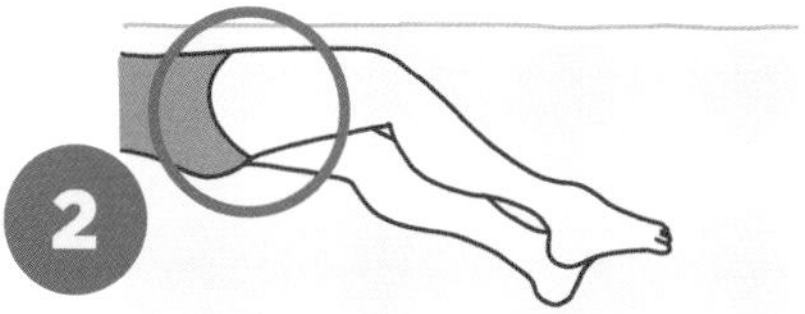

太腿→ひざ→足の順で動きます。

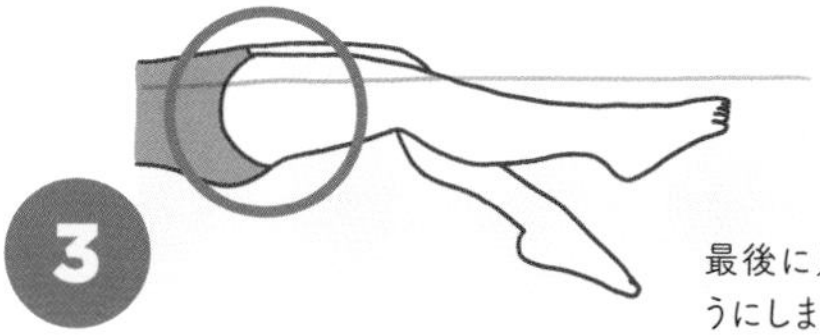

最後に足の甲で水を押すようにします。

キックを練習しよう

両手を伸ばしてビート板を持ちます。太腿がビート板にあたるように、片脚ずつキックの練習をします。

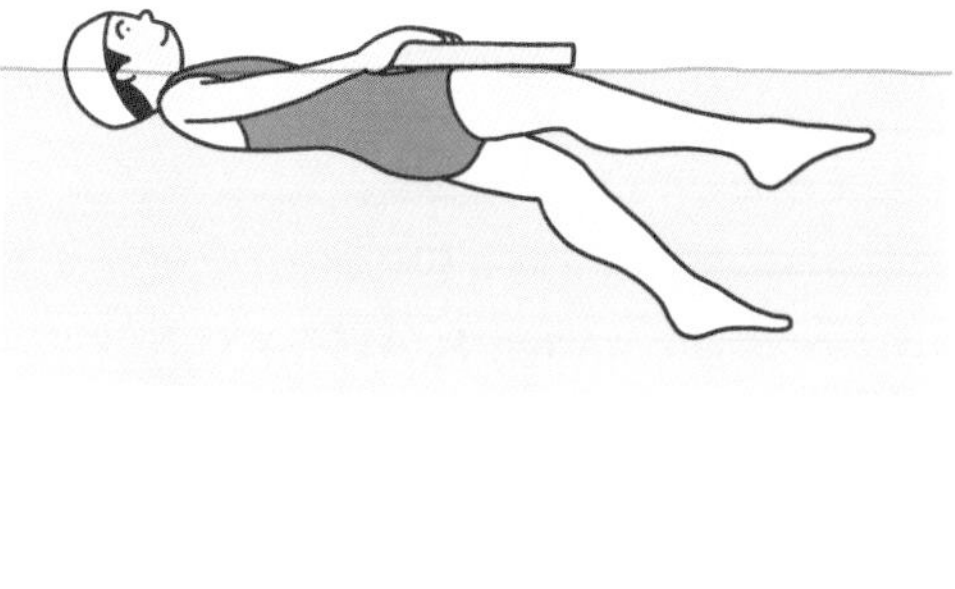

動画でチェック！

背泳ぎのコツ

プル❶

スイスイ進むためには“片手クリオネプッシュ”

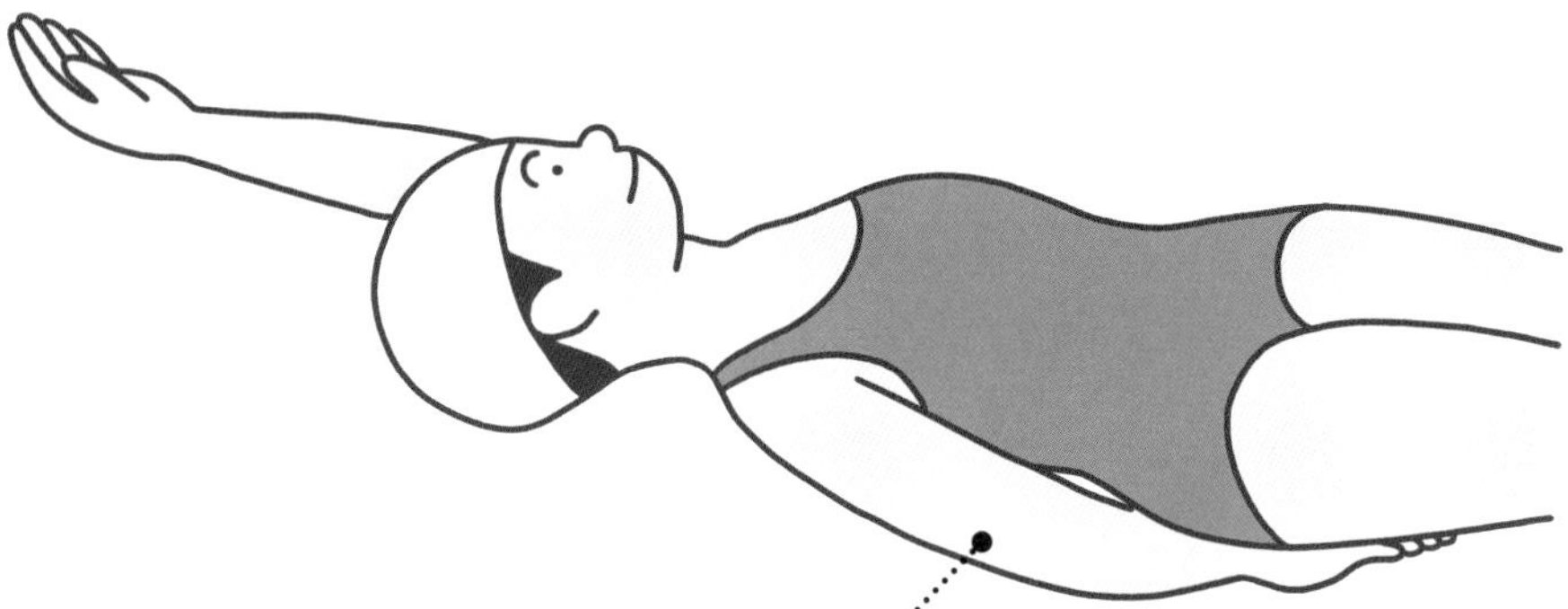

背泳ぎでは、最後のプッシュで大きな推進力を得ます。ポイントは、お尻の後ろで手のひらをプールの底に向けること。太腿の横～やや後ろに向かって、最後までしっかり押して。

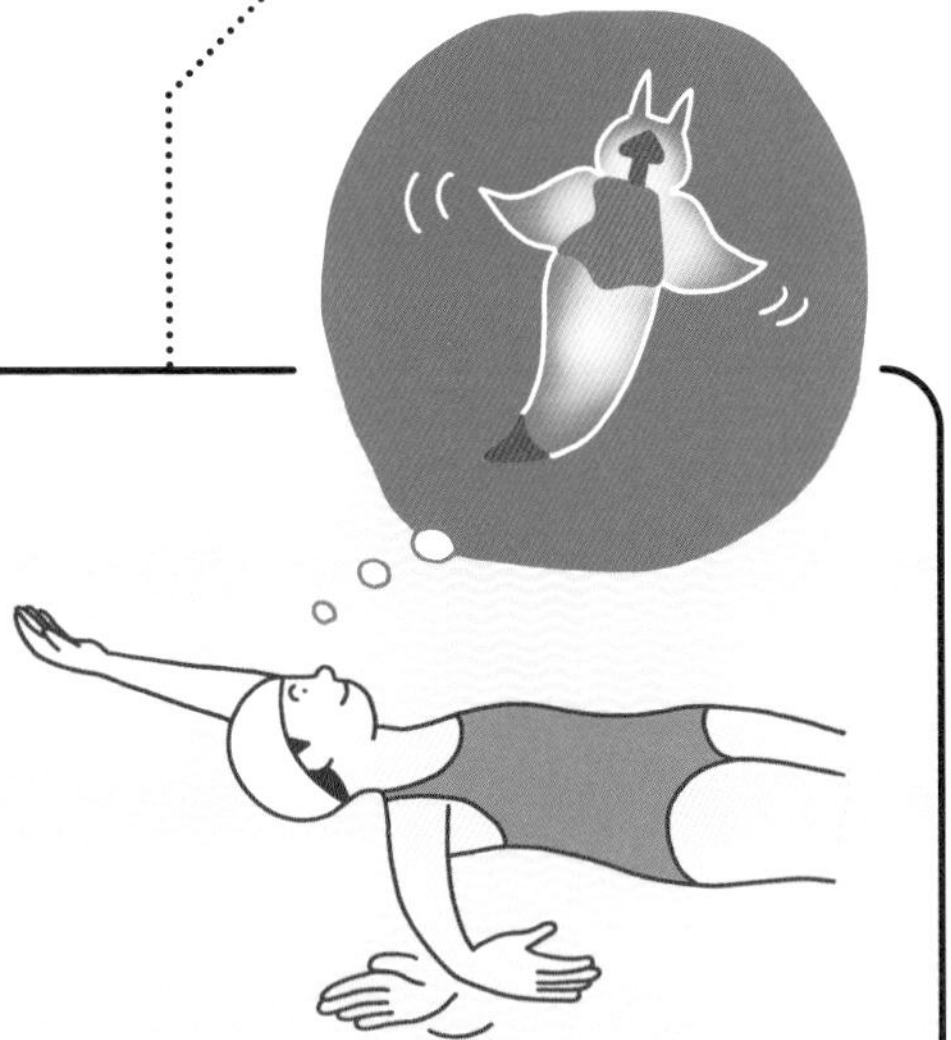

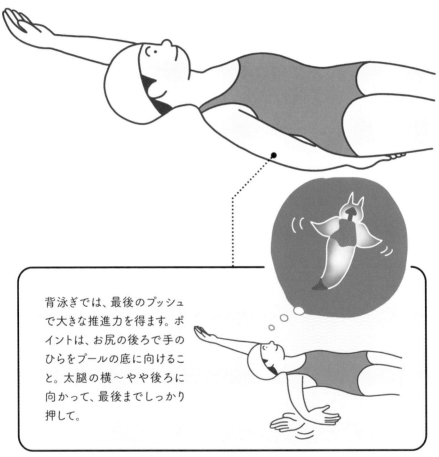

手は最後まで しっかり押し切る

背泳ぎのプル（腕の動き）で必ずマスターしたいのがプッシュ。ここでしっかり水を押せれば推進力が得られるからです。

片手だけで行うのは難しいので、下図の両手クリオネの練習からはじめ、できるようになったら片手だけで行います。

さて、みなさんは背泳ぎの腕はどのように動かしていますか？「右手が水の上に出たと同時に左手をかき出す」というテンポになっているのでは。正しくは「右手が水の上に出てから左手でかく」。入水とプッシュが同時ではなく、入水→プッシュが推進力を生む腕の動かし方なんです。

両手クリオネで練習

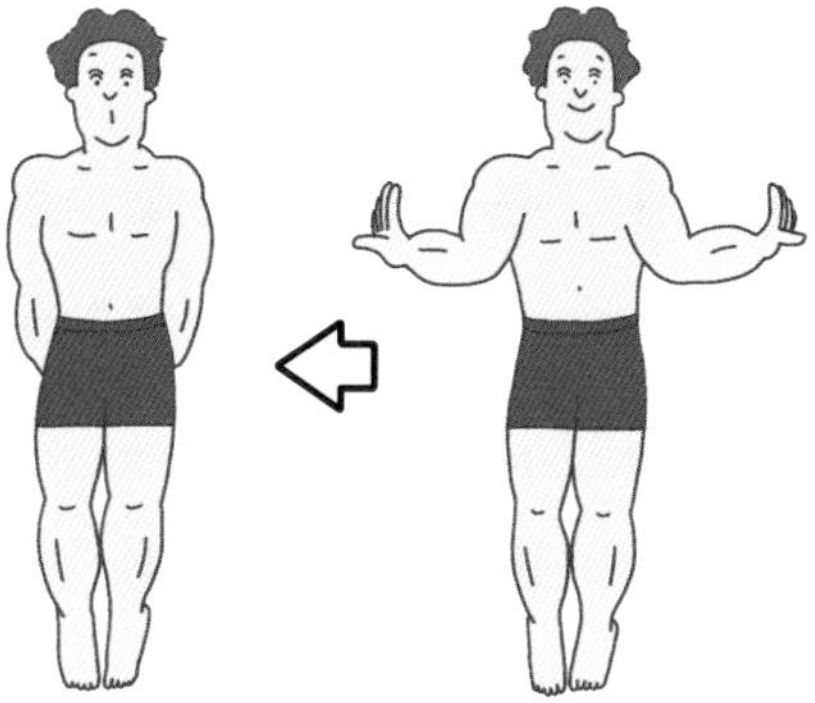

プールで仰向けになり、キックは体を浮かす程度に行います。手首を曲げて手のひらを体の逆側に向けます。

両手を伸ばし、お尻の後ろで手のひらをプールの底に向けて水を押します。

背泳ぎは入水後プッシュ

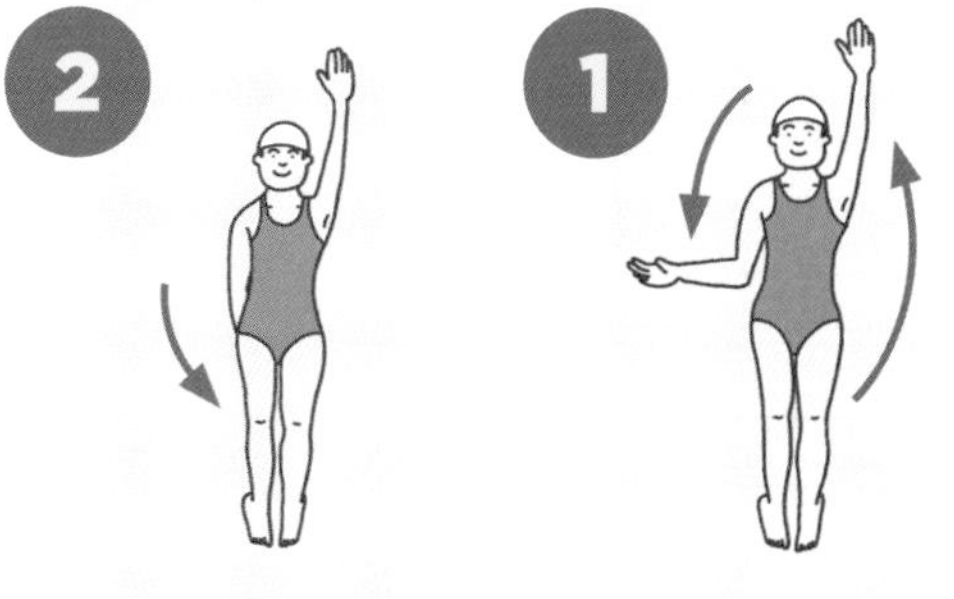

両手クリオネができたら、片手クリオネに挑戦。左手を入水したときは、右手はプッシュ直前のクリオネ状態でストップ①。そこから右手だけプッシュします②。

動画でチェック！

背泳ぎのコツ
プル❷

腕が見えなくなったら“V字入水”でローリング

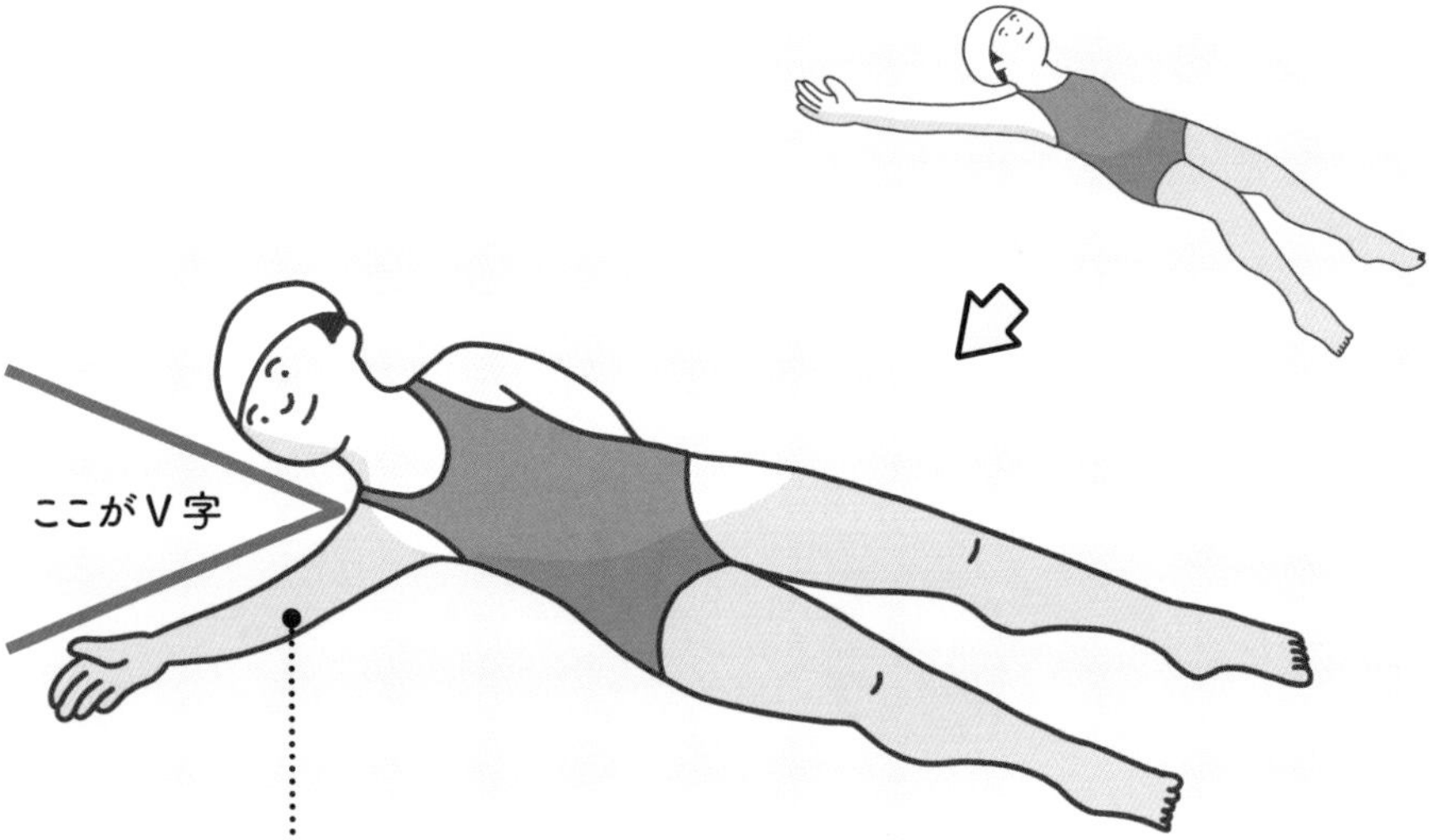

手が見えなくなったら、無理に腕を上げて入水せず、肘をそのまま斜め上に落として体を傾け（ローリングしながら）て入水します。手を頭上に上げてのI字入水は肩への負担になります。

ローリングして無理なく手を入水する

背泳ぎでは、手を頭上にまっすぐ上げて入水(I字入水)しなくてもいいんです！　リカバリーで手が見えなくなってきたら、そのまま体を横に傾け(ローリングして)て手を入水(右ページで紹介したV字入水です！)すればOK。これで肩は楽になります。

　マスターズ出場者の中で、腕が真上に上がらないという方は少なくありません。でもここで無理すると、腰が反ったりして姿勢が崩れてしまうのです。

　さて、背泳ぎとクロールのローリングには違いがあるということを知っておいてくださいね。

背泳ぎのローリングのイメージ

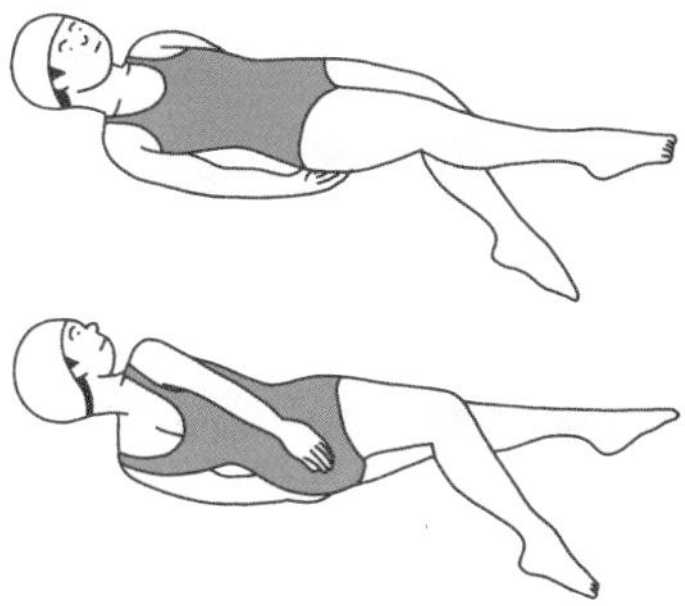

両肩が左右交互に上下するイメージ。手を深く入水すると体が自然に傾きこの動きのイメージになります。

クロールのローリングのイメージ

両肩が左右交互に前後するイメージです。入水時に骨盤を横に向けると自然とこの動きのイメージになります。

動画でチェック！

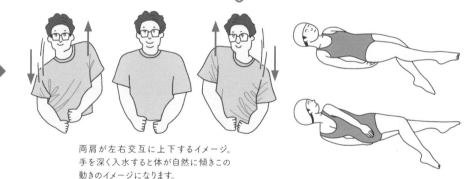

背泳ぎのお悩み解決します

質問

1

泳いでいると腰がどんどん沈んでしまうのですが……

答え

胸を広げて手を入水すると腰が浮かびます

背泳ぎビギナーには多い悩みですね。こんなときは腰を上げようとしてはいけません。腰を上げると体が反ってしまい余計に下半身が沈みます。

ではどうしたら？　胸郭(胸)を開く(張る)ようにして手を入水すると腰は上がってきます！　また、78ページで解説したようにハンモック姿勢をとれているかチェックしてください。

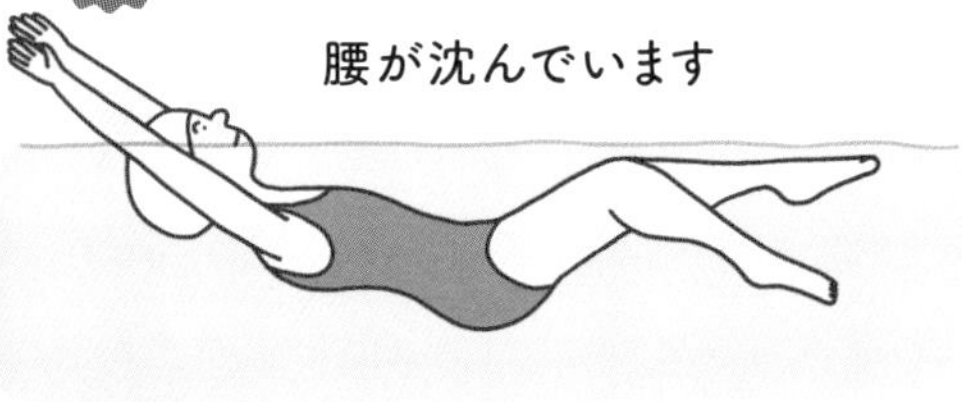

NG

腰が沈んでいます

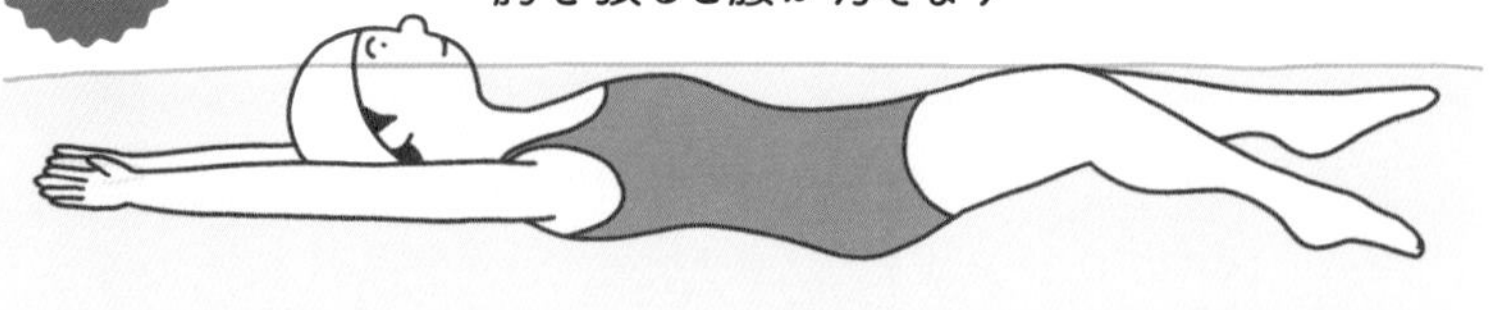

OK

胸を張ると腰が浮きます

質問

2

クロールのキックは進むけど、背泳ぎのキックは進みません

答え

クロールのキックとは違うということをまず知りましょう

ビギナーはご存知ないかもしれませんが、実は背泳ぎとクロールのキックは違うんです。蹴り幅はクロールのほうが広く、力の入れ方は、クロールではアップキック2に対してダウンキック8の割合ですが、背泳ぎではアップキック5に対してダウンキック5くらいが理想的。2種類のキックが打てるように練習してくださいね。

背泳ぎのキックの幅

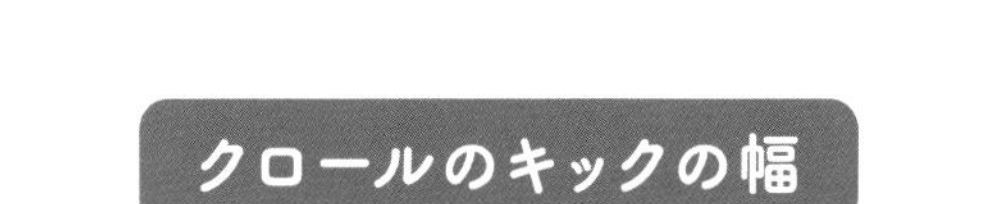

蹴り幅はクロールより狭くなります。

クロールのキックの幅

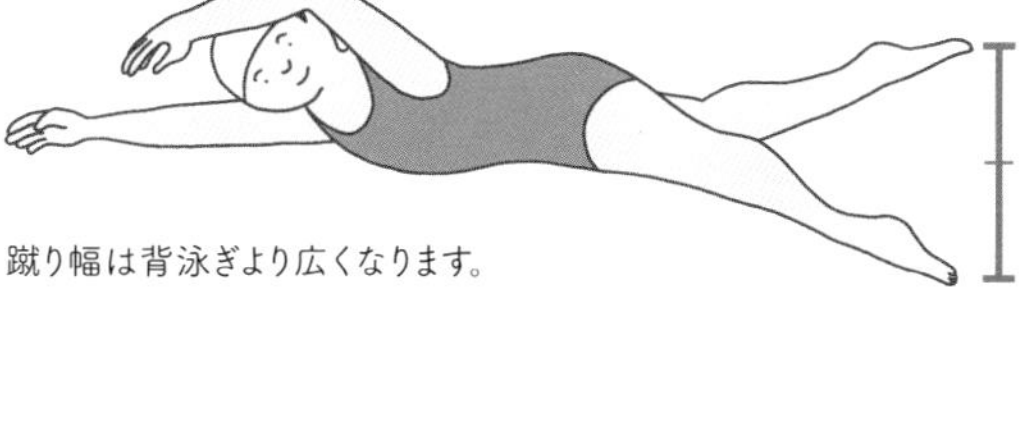

蹴り幅は背泳ぎより広くなります。

プールの半分まで
クロールキック＋残りは
背泳ぎキックで練習を！

質問

3

まっすぐに泳げず曲がってしまうんです

答え

どこも見ていないと曲がります。自分の頬を見て泳ぎましょう

背泳ぎの選手がまっすぐに泳げるのは、目線をコースロープに向けているからなんですね。天井を見ていると言う方もいますが、顎が上がるのでおすすめできません。私は「顎は水面ギリギリで、頬骨を見て」とお伝えしています。こうすると自然とハンモック姿勢(P78)になりますよ。

目線は頬骨、自分の鼻、ゴーグルの下のほうを見てもいいですね。

質問

4

小指から入水してといわれるけど……

答え

手の甲から入水しましょう

「小指から入水して」と教わった経験がある人は多いはず。結論から言うと、気にせず手の甲から入水してOKです。手の甲から入れても、入水の際にローリングをするので、結果的に小指から入ることになるから。〝小指から入水〟を意識し過ぎると、キャッチで肩を痛めるリスクが高まります。

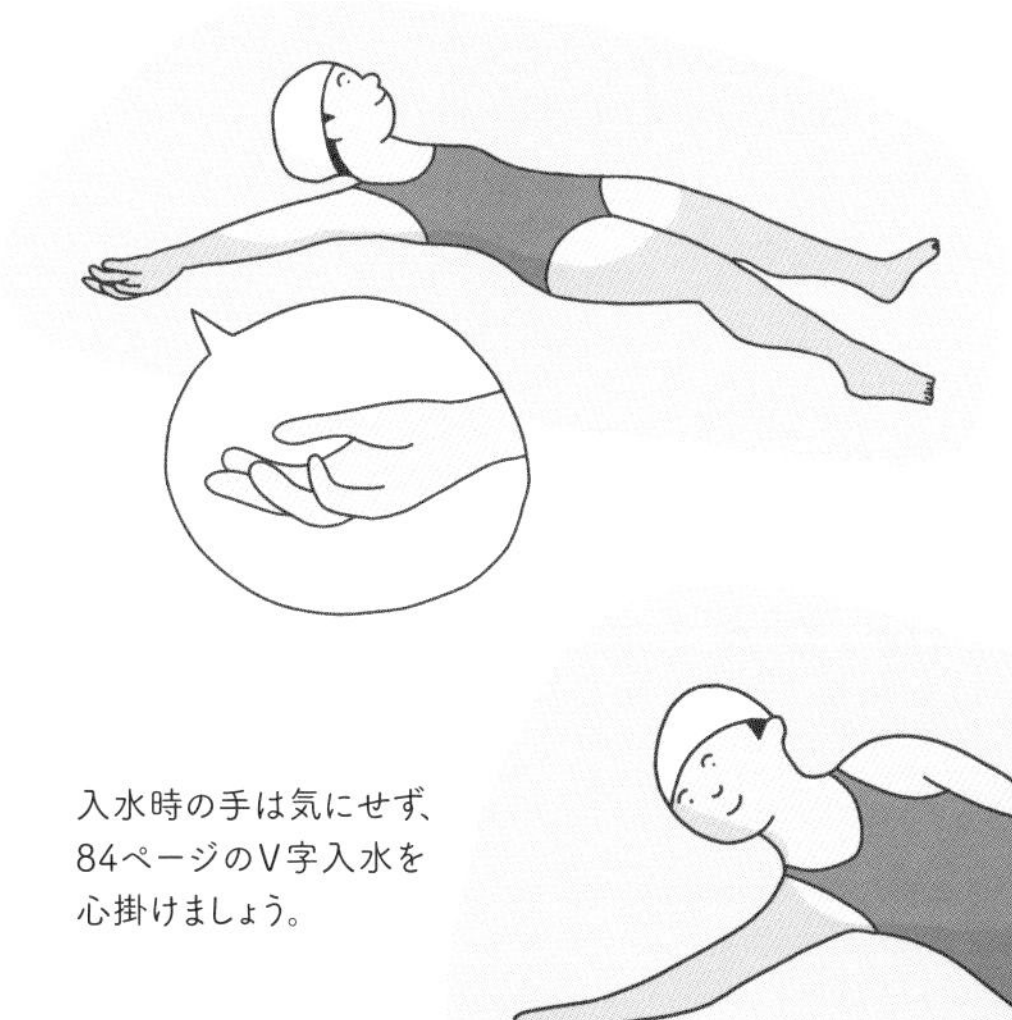

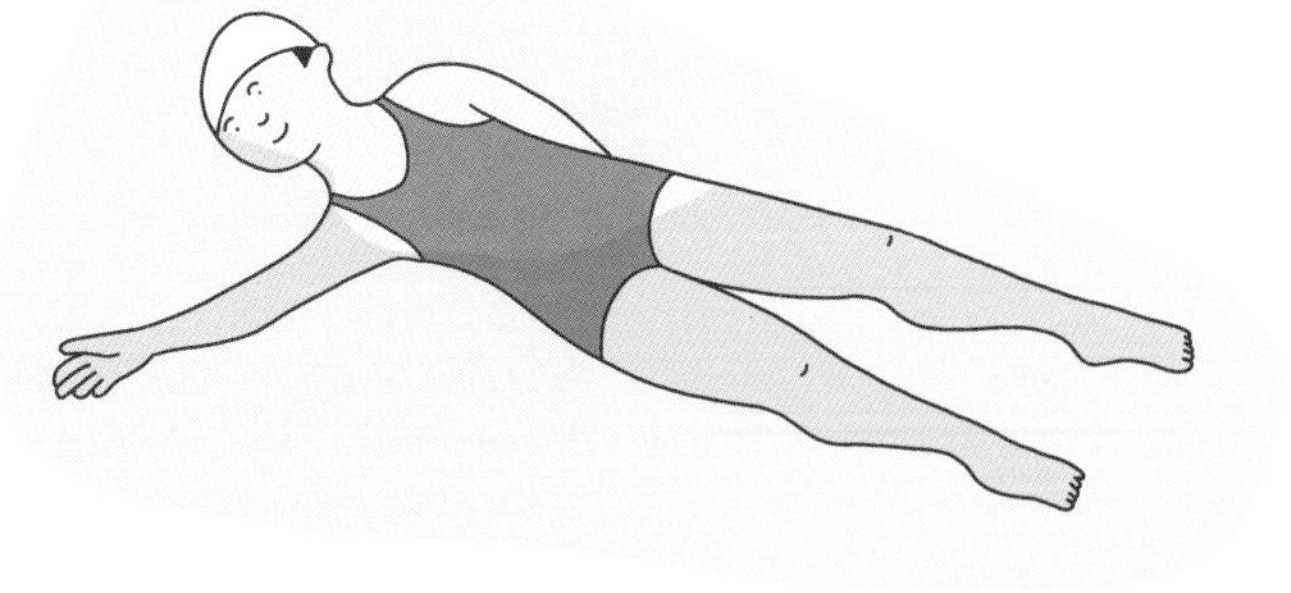

入水時の手は気にせず、84ページのV字入水を心掛けましょう。

平泳ぎってこんな泳ぎです！

4泳法の中で一番水の抵抗が大きい

手足を広げるので水の抵抗は4泳法の中で一番大きく、世界記録は一番遅い！　水中でリカバリーするのは平泳ぎだけ。

太古より人々が好んでいた泳ぎ

平泳ぎの原型は、日本やヨーロッパで見られたそう。水面に顔を出しながら泳げるので、昔から人々に好まれていたとされます。

顔を前に上げるだけ。呼吸動作が簡単です

ほかの泳法に比べると呼吸動作が簡単！息継ぎを習わなくても、ある程度の距離は泳げます。

キックから得る推進力が大きい

ほかの泳法に比べるとキックから得る推進力は大きく、約50％。足首がやわらかいとキック力が強くなるそう。

何よりも技術が求められる職人系の精密な泳ぎ

手足のタイミングなど、4泳法の中で最もテクニックが求められる泳ぎ。平泳ぎは世界に対抗できる日本のお家芸！　トップアスリートでも一度泳ぎが崩れるとなかなか戻せないそう。

平泳ぎを
動画でチェック！

平泳ぎのコツ

キック①

カエル足ではない!
“タコ足スクリューキック”

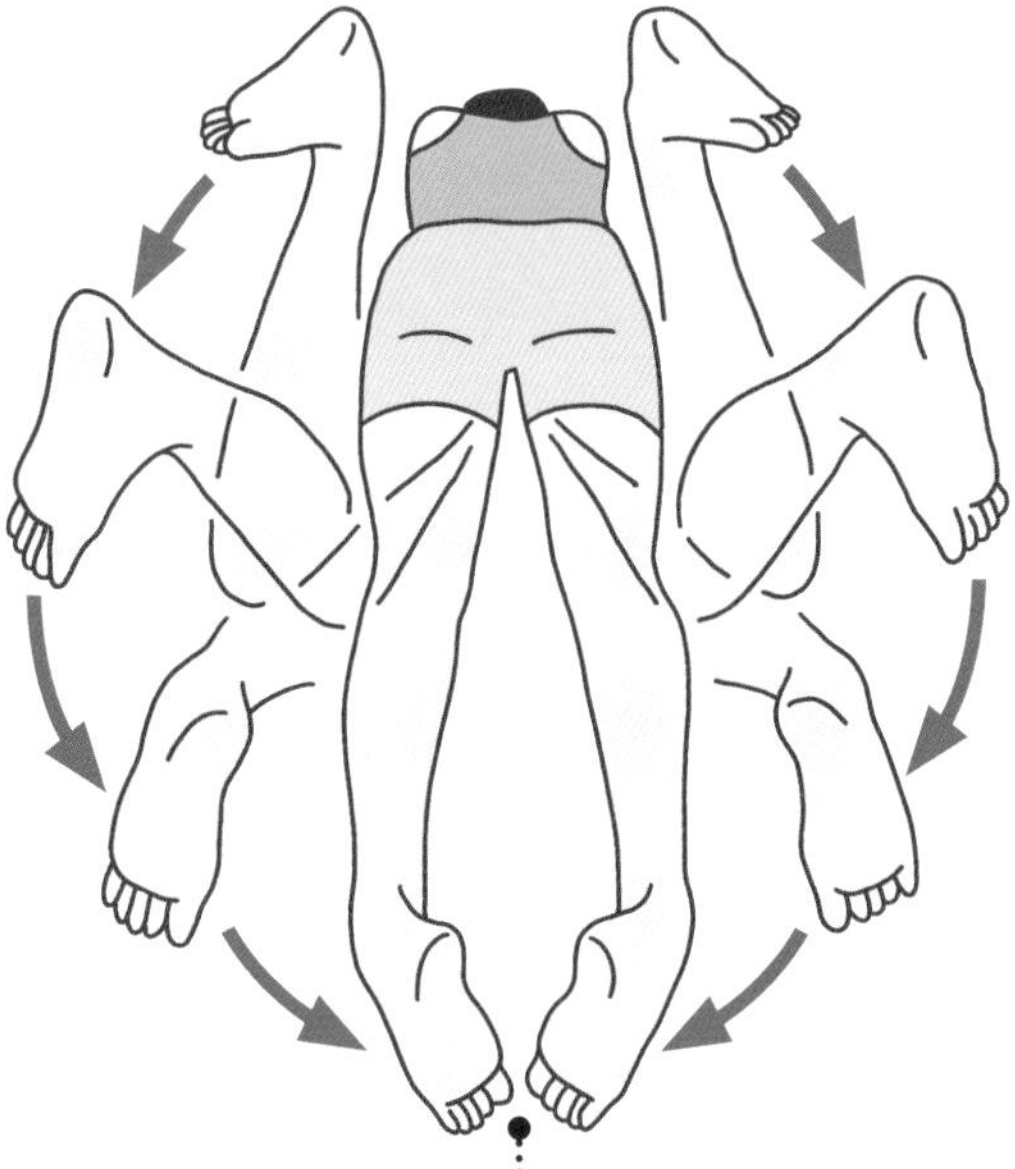

平泳ぎのキックは、カエルのように蹴るキックではありません。足を巻き込むように動かすので、スクリューキックと言われています。どちらかというとタコやイカの足の動かし方に近い!

カエルのようなキックではないよ
巻き込むようなスクリューキックをするんだ

キック上達に必要なのは飛ばずに足を閉じる感覚

　力を入れて蹴らないと進まないのではと思っている方が多いかもしれませんが、平泳ぎのキックはキック（蹴る）と言いつつ、実は蹴らないキックなんです。

　平泳ぎのキックは、右ページで解説したように足を巻き込むキックです。大切なのが、蹴らないで閉じるという感覚です。

　それを知っていただくドリルが下図の飛ばないジャンプです。足を閉じるときに力を入れるのがポイント。

　平泳ぎを習うのは初めてという方にぜひやっていただきたいですね。

飛ばないジャンプの練習

プールの中で中腰になり、肘を伸ばして手のひらをひざにおきます。

ジャンプしないで足をピッと閉じひざを伸ばします。両足の間にある水を挟み込むように、内くるぶしに水があたるのを感じましょう。

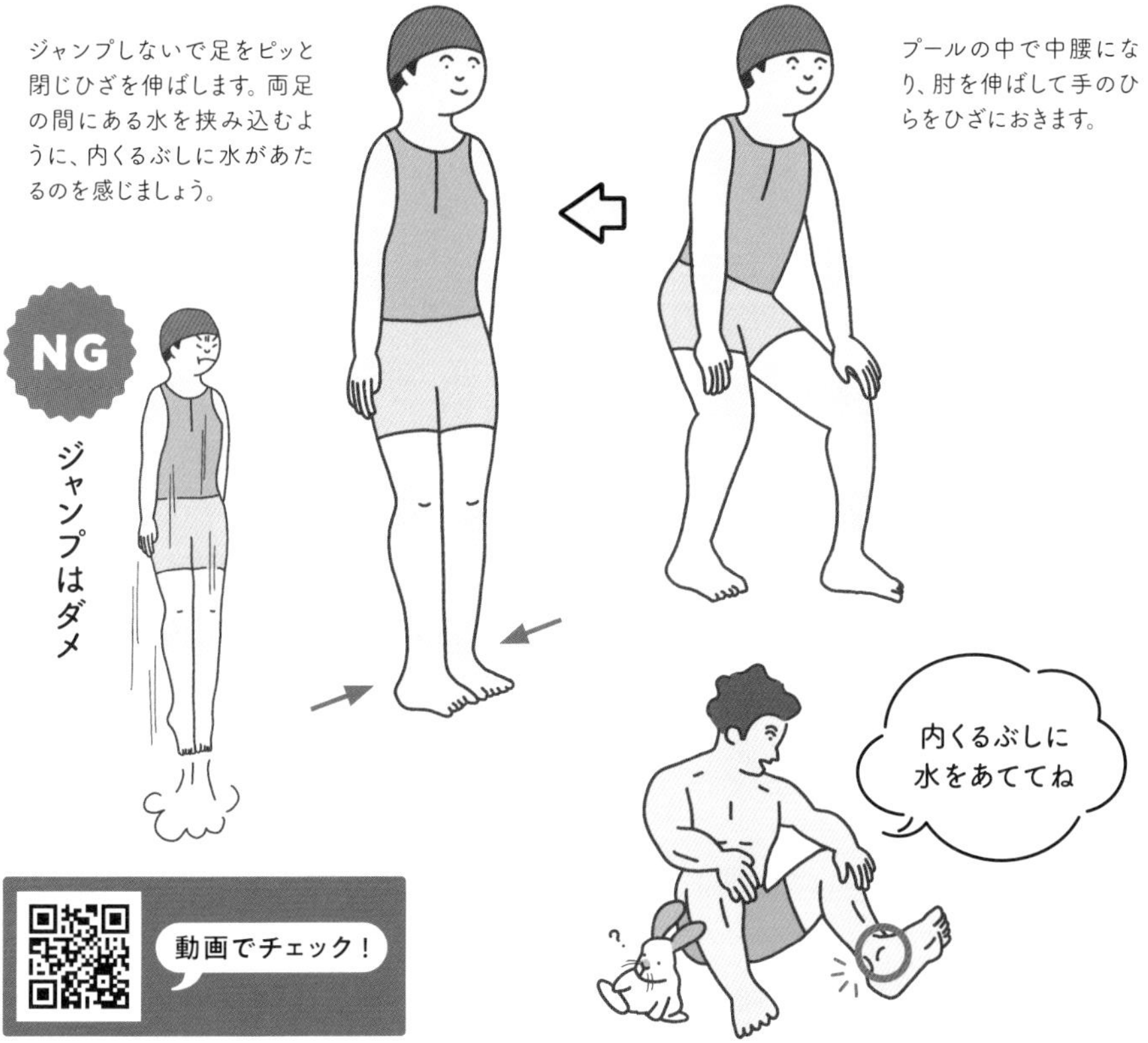
NG
ジャンプはダメ
内くるぶしに水をあててね
動画でチェック！

平泳ぎ 姿勢
平泳ぎ キック
平泳ぎ プル
平泳ぎ 呼吸動作

平泳ぎのコツ
キック❷

両足を引くときの感じは“ひざ裏脱力”で!

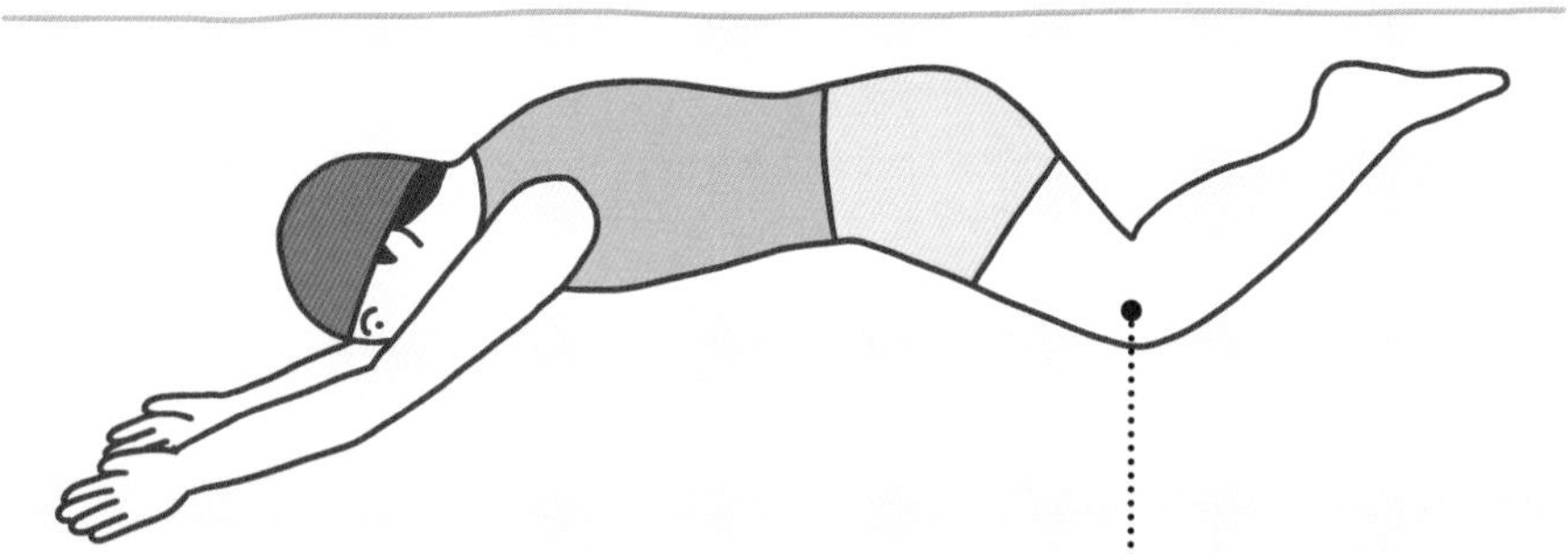

両足を引くときは、引くというより、しっかり両脚を伸ばしてから力を抜くという“ひざ裏脱力”の感覚で。力の抜き方は、陸上でひざカックンをされたときに似ています。

力の抜き方は
ひざカックンに似ている

両足をスムーズに引く鍵は両脚をしっかり伸ばすこと

平泳ぎのキックには両足を引くという動作があります。多くの方を見ていると、すばやくギュッと力強く引いてしまう人がほとんどです。足を力強く引いてしまう人は、両足を引く前にひざをしっかり伸ばすという動作ができていないんですね。

しっかりひざを伸ばせば、ひざをゆるめて脱力するのは簡単です。たとえば、蹴伸びの姿勢で両脚をピンと伸ばしたあと脚の力をゆるめると、両ひざがすっと落ちます。この感覚です。

両足を引くときは、ひざを大きく開かないこと、足首に力を入れないようにしましょう。

OK

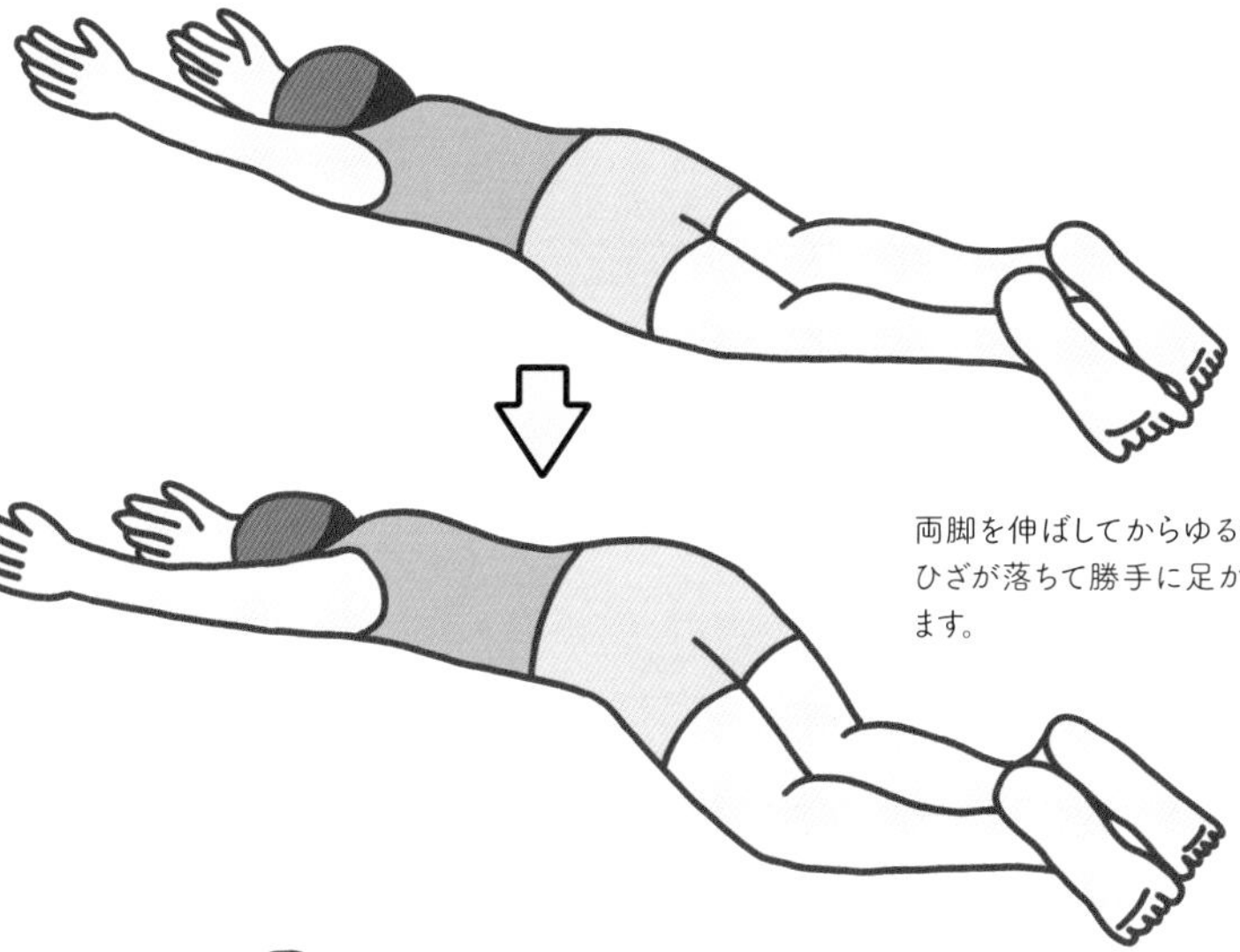

両脚を伸ばしてからゆるめる！ひざが落ちて勝手に足が引けます。

NG

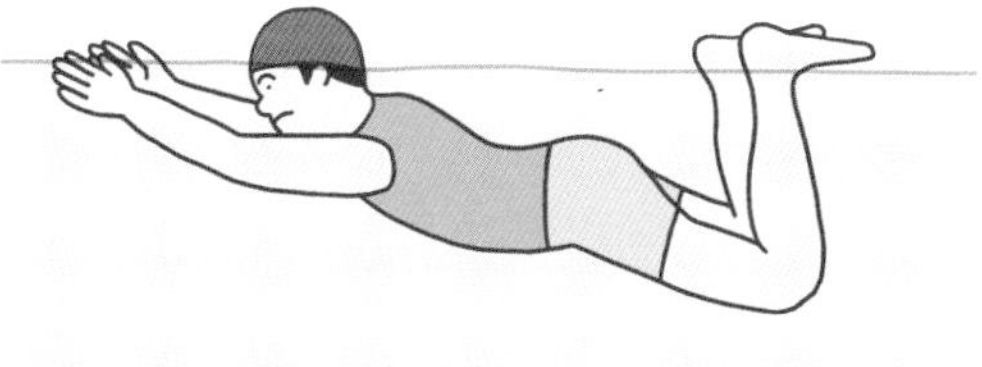

背中側（後ろ側）に足を引いてしまうのはNG。腰が反ってしまうので、足を引くたびに体が沈みます。

動画でチェック！

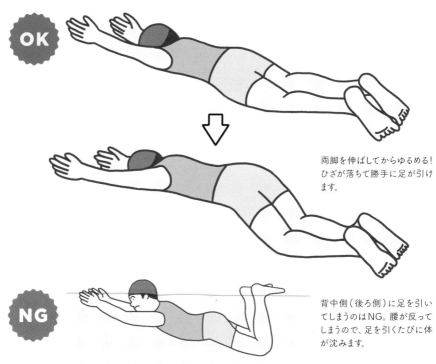

平泳ぎのコツ

プル

“イチ・ニのリズム”で小さな円を描く

イチ＝手を広げる

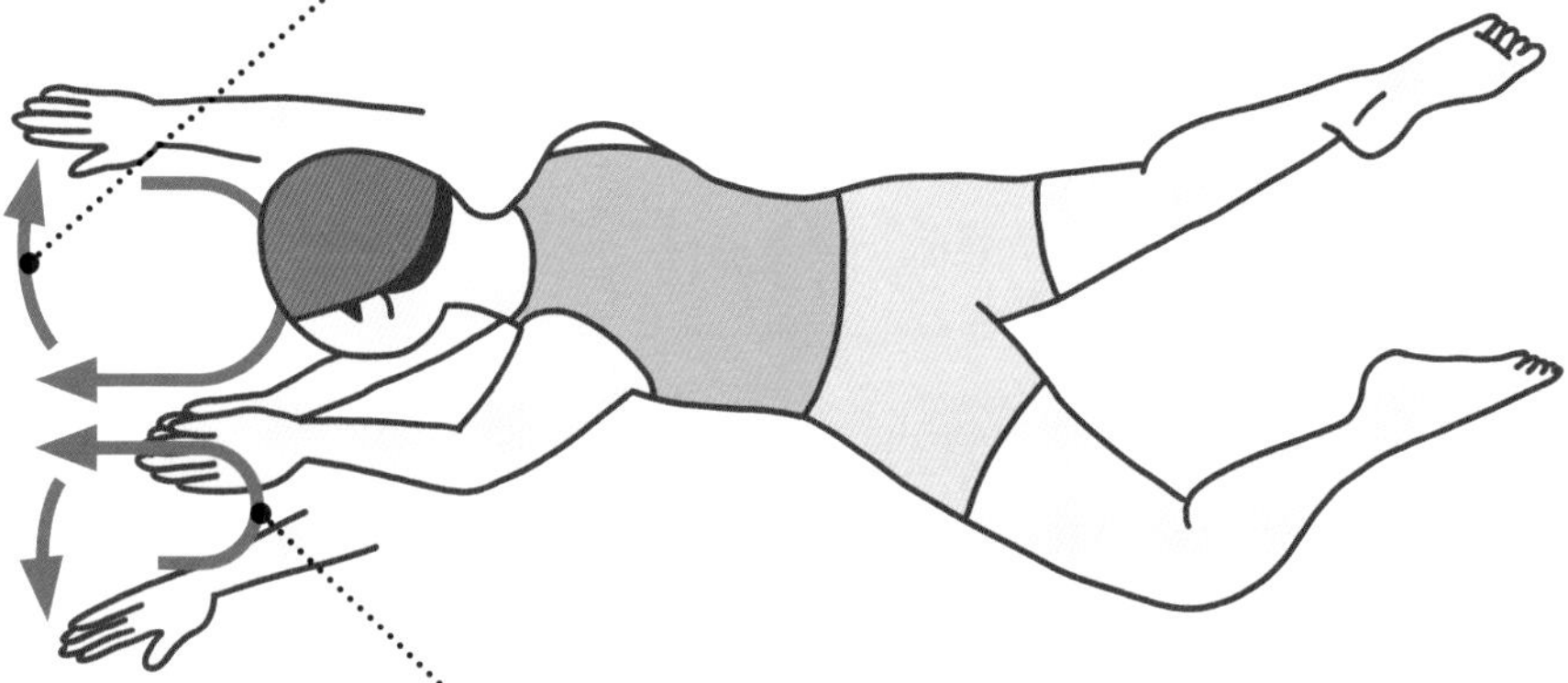

ニ＝水をかいて手を前に戻す

イチ・ニのリズムは、両手で小さい円を描くように動かします。プールから上半身を出して、両肘がプールサイドに触らないように両手を動かすのがポイントです。

水をかく→伸ばすをひとつの動作と考えて

平泳ぎのストロークですが、みなさんはどのようなリズムで行っていますか。正しくは右ページのイチ・ニのリズムです。水をかいて前に戻す動きを1拍で行います。手で小さい円をかく感じですね。下図のようにイチ・ニ・サンのリズムになってしまうのは×。平泳ぎが苦手という人は、このリズムで泳いでいるケースが多いのです。

　イチ・ニのリズムで泳げるようになるとストローク数が減り、スピードにも乗りやすくなります。

　イチ・ニのリズムを覚えておくと、バタフライのリカバリーもすぐにできるようになりますよ。

NGなリズムはイチ・ニ・サン

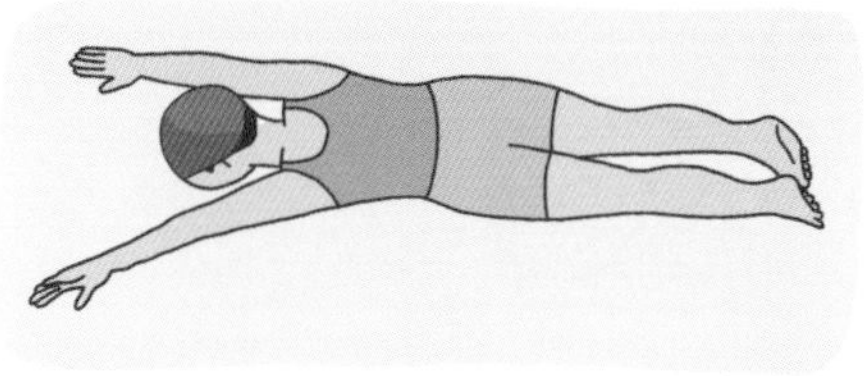

イチ＝手を広げる

両手を前に伸ばします。この動作はイチ・ニのリズムも同じです。

ニ＝水をかく

水をかきます。水をかくという動作で1拍とってしまうのでリズムがずれます。

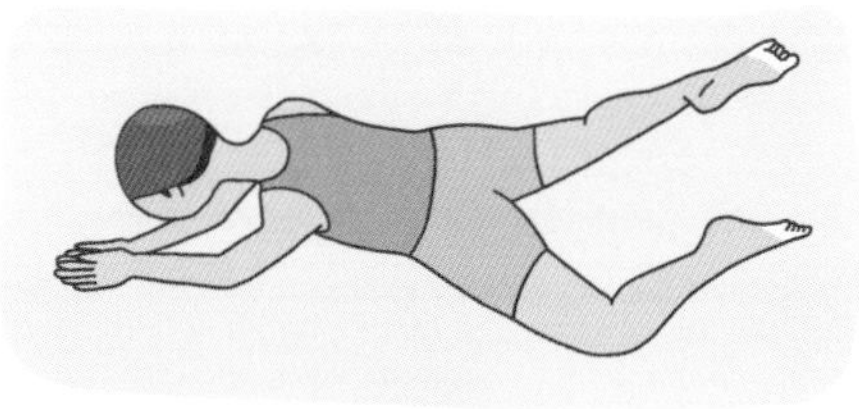

サン＝手を前に戻す

両手を前に戻すタイミングが「サン」になってしまいます。

動画でチェック！

平泳ぎのコツ
呼吸動作

水がひっかかるとできる“手を閉じ顔上げ呼吸”

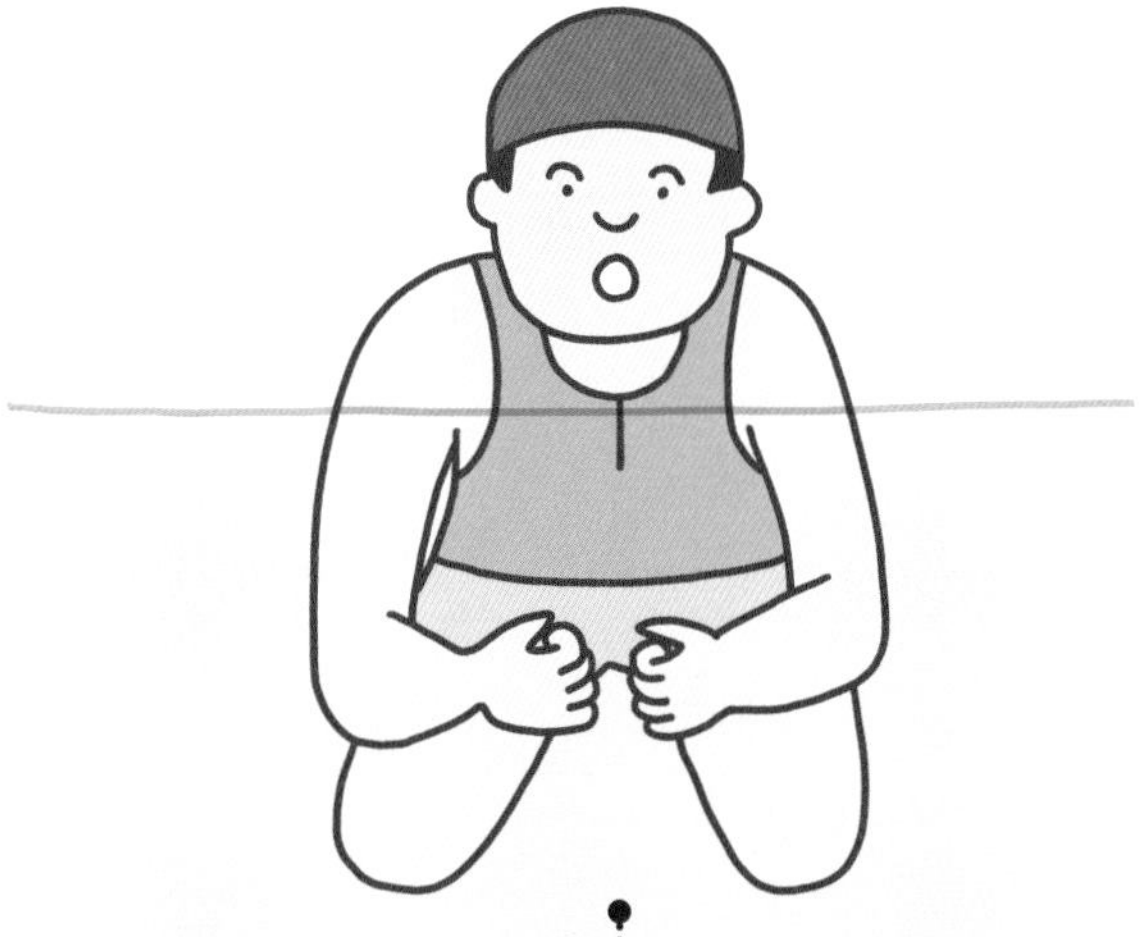

顔を上げるタイミング（呼吸動作）は、広げた手が外側から内側に閉じるとき。手を開くときに顔が上がるのはNGです。水をしっかりかくことを意識してみましょう。

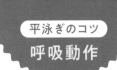

呼吸動作は水をとらえる練習から

呼吸動作を指導するとき、手を閉じるときに顔を上げるというタイミング動作を教えるのではなく、まずは手に水がひっかかる感覚を知ってもらいます。それがキャッチの練習です。キャッチは伸ばした手を開く動作ではなく、開いた手を閉じる動作をいいます。キャッチで手に水がひっかかると、頭がふわっと上がる感じがします。この動作を繰り返し練習すると、キャッチの瞬間に自然と上体（背中）が浮上し、呼吸動作がスムーズになります。

手を開くときに顔が上がってしまうのは、水がしっかりつかめていないからなんですね。

呼吸動作のタイミングドリル

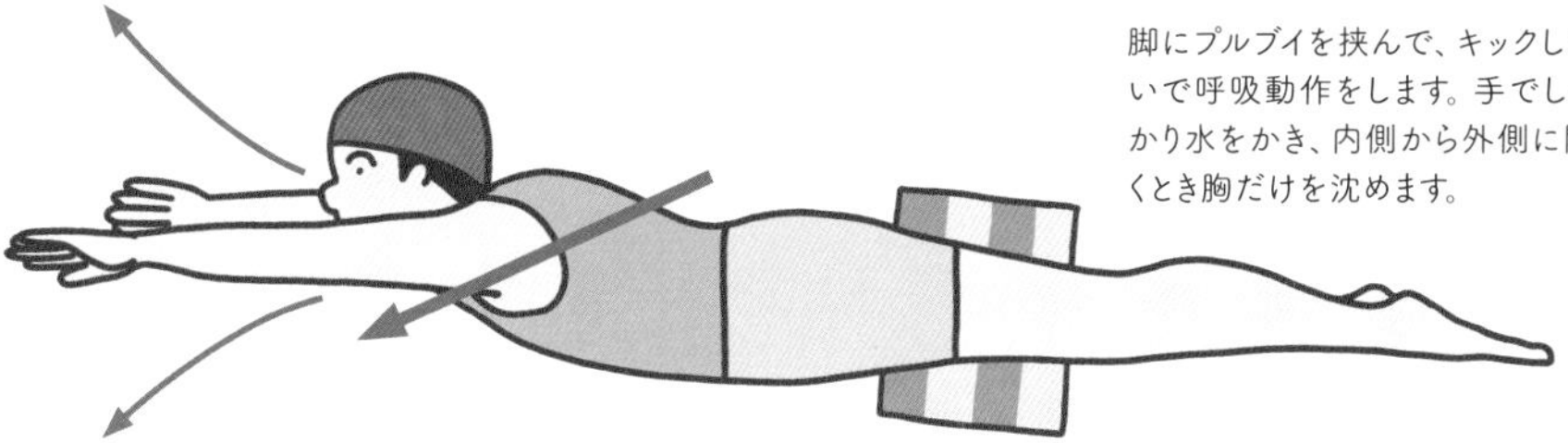

脚にプルブイを挟んで、キックしないで呼吸動作をします。手でしっかり水をかき、内側から外側に開くとき胸だけを沈めます。

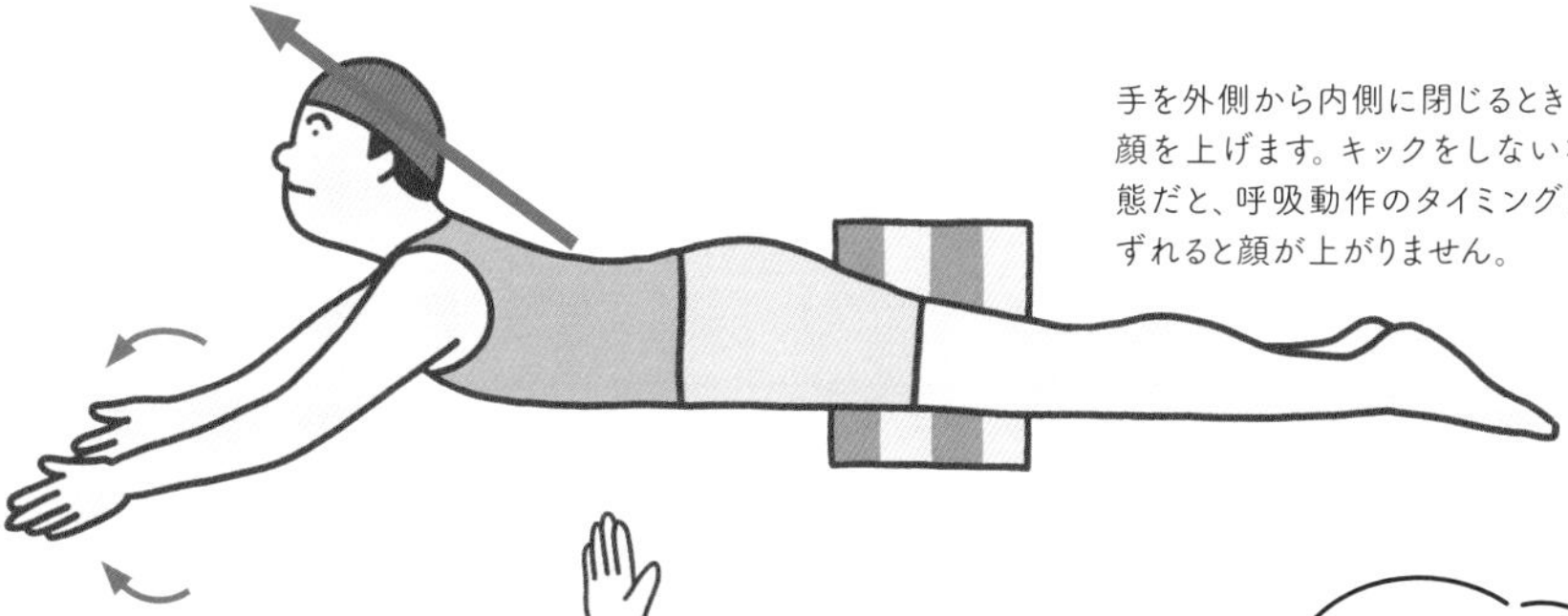

手を外側から内側に閉じるときに顔を上げます。キックをしない状態だと、呼吸動作のタイミングがずれると顔が上がりません。

動画でチェック！

平泳ぎのお悩み解決します

質問

1

あおり足になってしまうんですが……水がひっかかりません

答え

足を引いた後に、親指を外側に開きましょう

平泳ぎのキックの流れは左ページの通りです。おおまかに分けると足を引く↓親指を外側に向ける(ここで親指が外側に向いていれば、水がひっかかります)↓内くるぶしで水を巻き込むです。空振りする、進まないという方は、「足を開いて親指を外に向ける」(左ページの④)動作が抜けてしまっていることが多いのです。

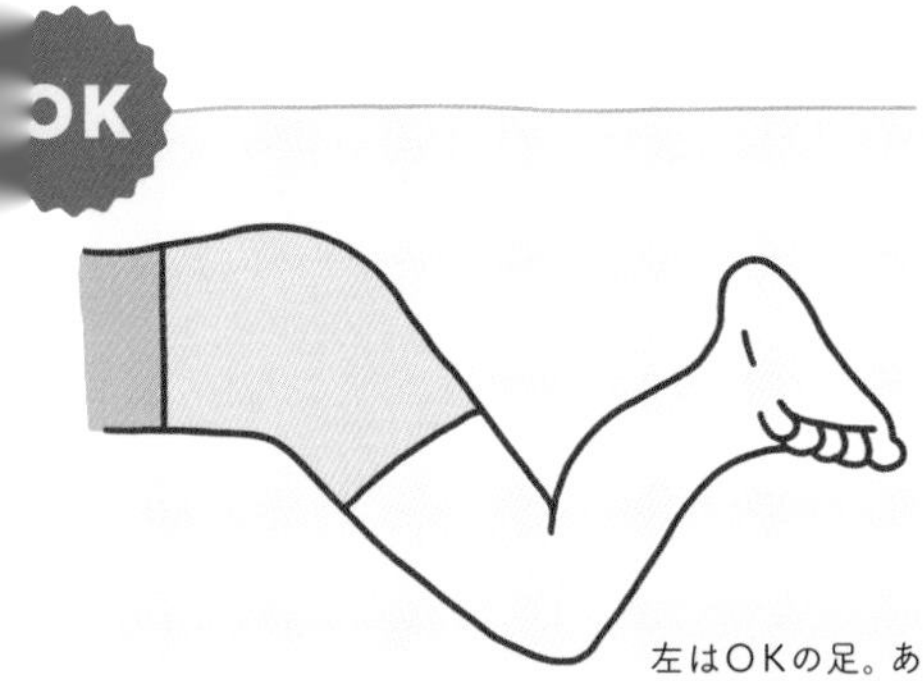

左はOKの足。あおり足は足首が伸びた状態。これだと足の甲で水を蹴ることになり進みません。

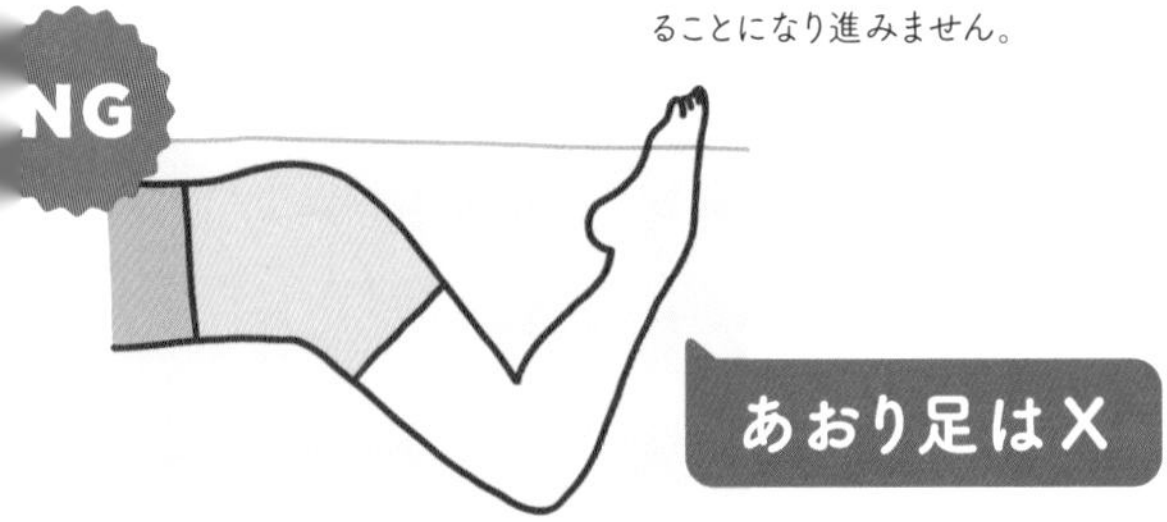

平泳ぎのキック

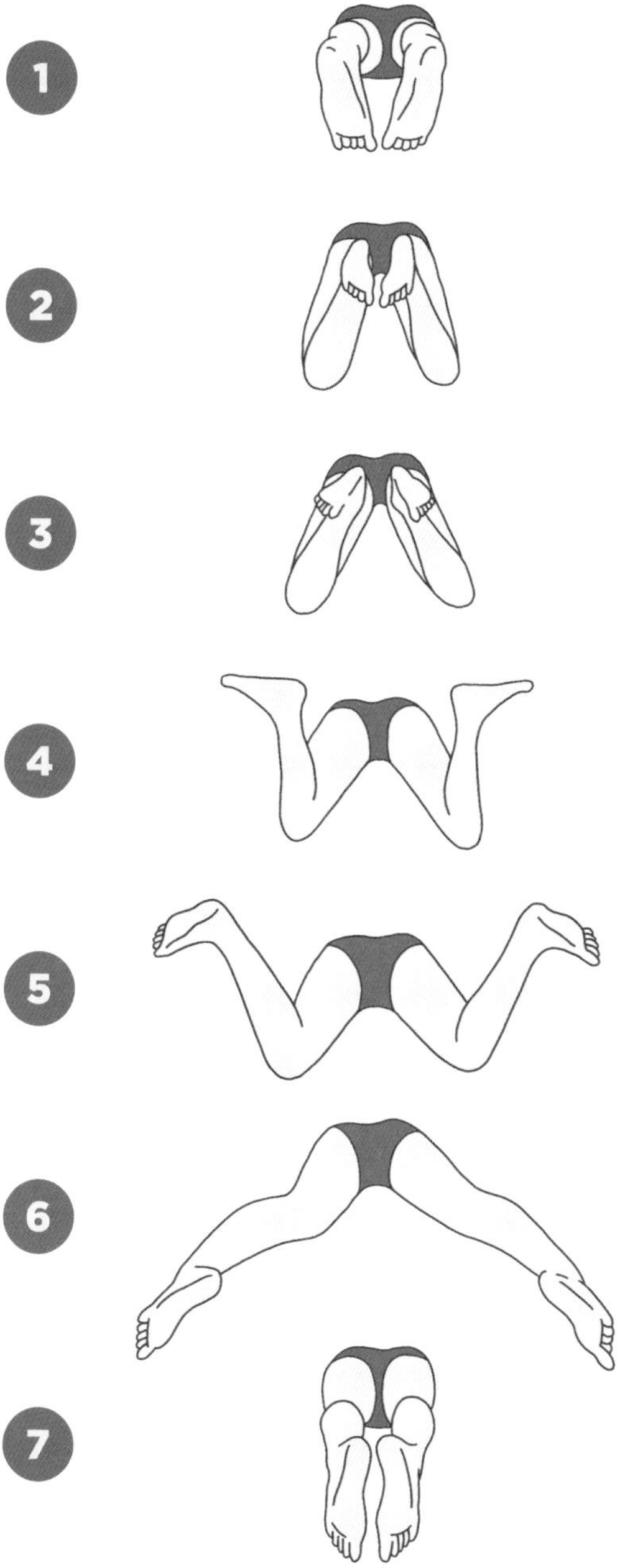
1
2
3
4
5
6
7

❶〜❸

足裏で水面をなぞるように両足を引きつけます。この際、両ひざは大きく広げないようにします。

❹

両足を引きつけたら、両足の親指を外側に向け、すばやく足首を曲げます。

❺〜❼

両足裏を後ろに向けて水を押し出し、両足のかかとで楕円を描くようにして脚を巻き込みます。両ひざ、両足首を伸ばして両脚をピンと伸ばします。

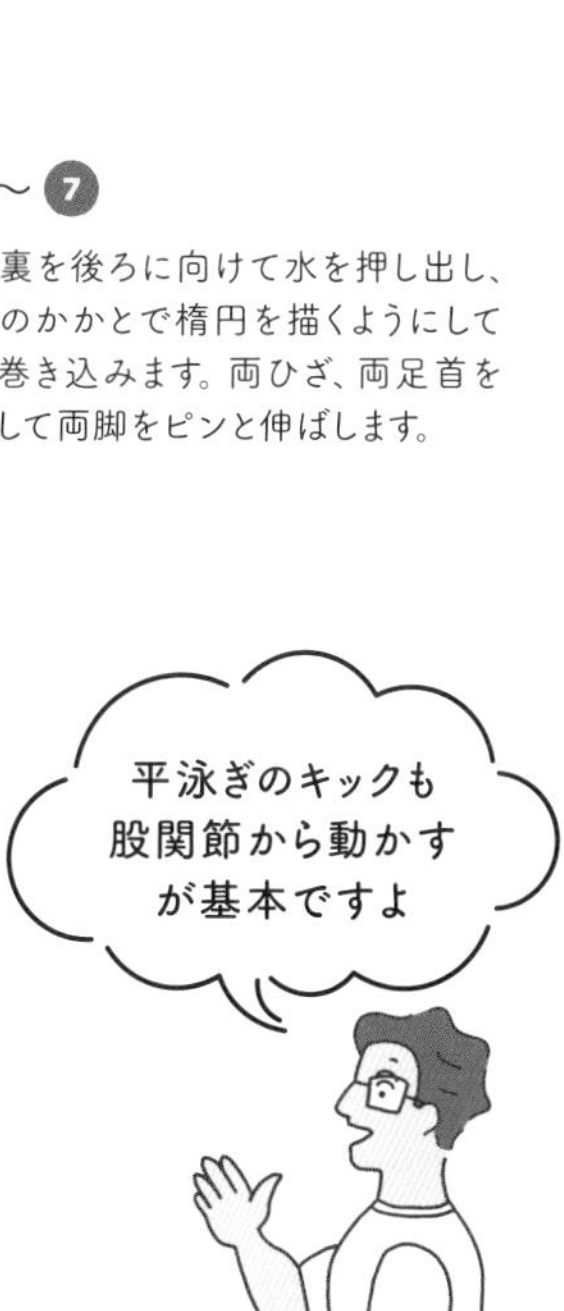
平泳ぎのキックも
股関節から動かす
が基本ですよ

質問

2

手をかき過ぎとよくいわれるけど……

答え

肘を引き過ぎているということです。肘は肩より後ろにいかないように

ビギナーにありがちな悩みです。肘を大きく引いて水をかくと、その瞬間距離は伸びますがリカバリーが大変。

手をかき過ぎかどうかは自己チェックできます。呼吸なしで平泳ぎをします。このときの腕に注目。手をかいたときに肘は見えてもいいのですが、手が視界に入ればかき過ぎです。

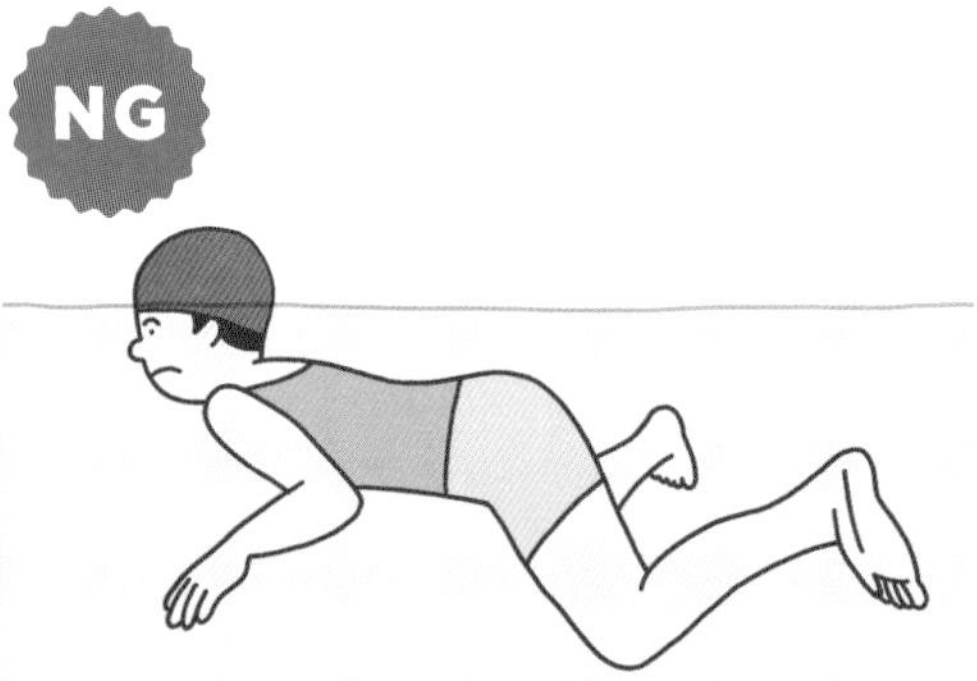

イラストはかきすぎ。肩のラインよりも肘が後ろにいかないように。

質問

3

リカバリーした手はどこに伸ばすの？

答え

まっすぐ前ではなく、斜め下45度に伸ばしましょう

ゆっくり泳ぐときは、リカバリーした手は斜め下に伸ばすと、スーッと体が前に進みます。一方、スピード重視ならリカバリーを速くします。

パート1の26ページでも触れましたが、リカバリーは肘から戻すようにしましょう。重心移動のおかげでスムーズに泳げます。キックが苦手ならこの動作をマスターして推進力につなげましょう。

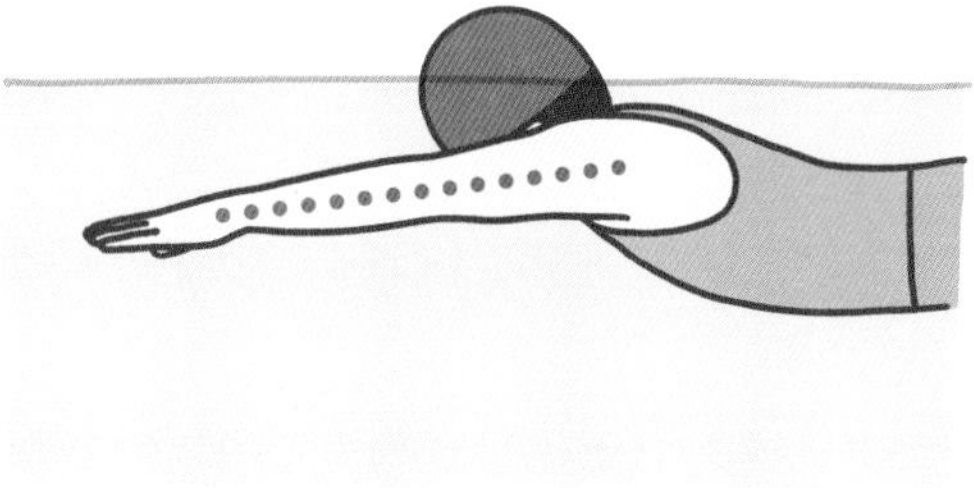

肩、肘、手首が斜め下方に傾斜するように両手を伸ばします。上半身が低く、下半身が高くなり水平姿勢が保てます。

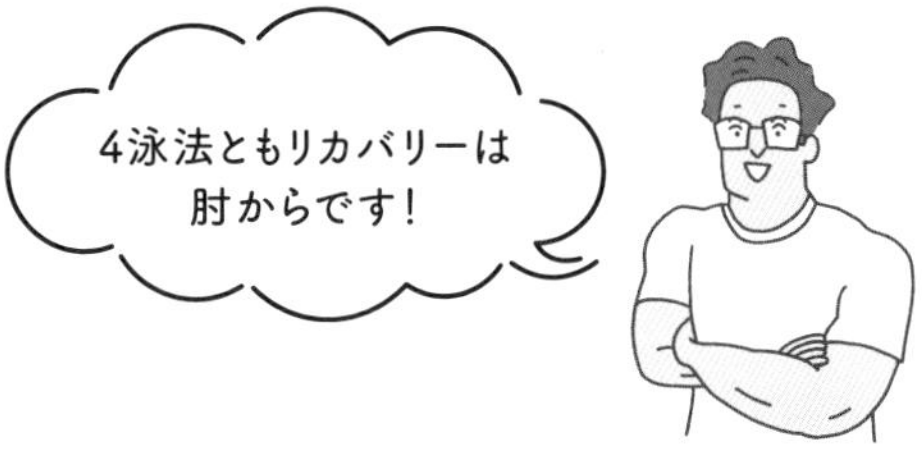

質問

4

プルのときに脇を閉めるんですか？

答え

脇を締めると同時に腕を前に戻します

平泳ぎのプル動作は、手を広げる↓水をかいて手を前に戻すときに脇を締める、が正解です。水をかく↓脇を締めてから手を前に戻すは間違い。手を戻す前に脇を締めてしまうと手の動きが止まってしまい、イチ・ニのリズム（P96）がずれてしまいます。これができると肘から前に動かすことができ、体重移動もスムーズに。

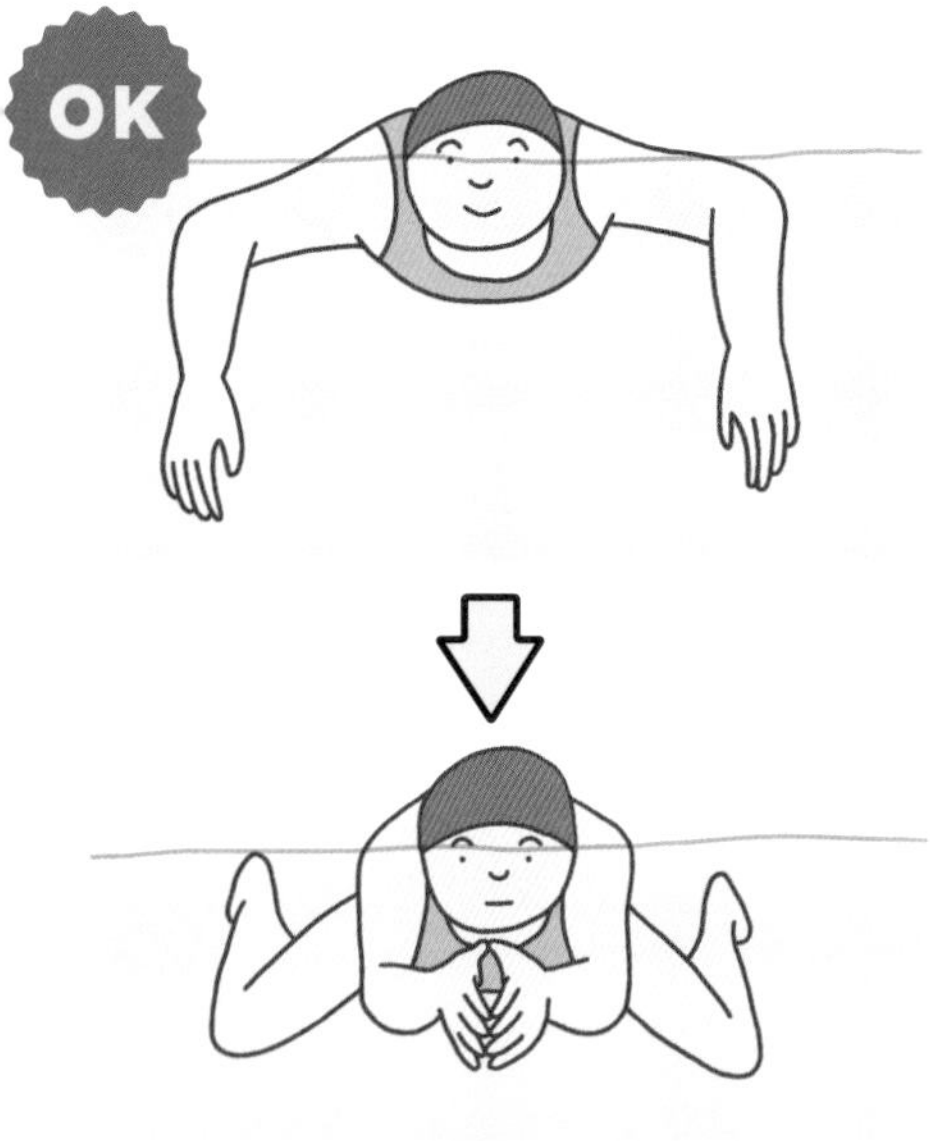

脇を締めるのと、腕を伸ばす動作はほぼ同時に行います。

平泳ぎのプル動作

1 両手は斜め下前方へ伸ばします。

2 両手で水を外側へ押し開きます。

3 両肘を高く保ちます。

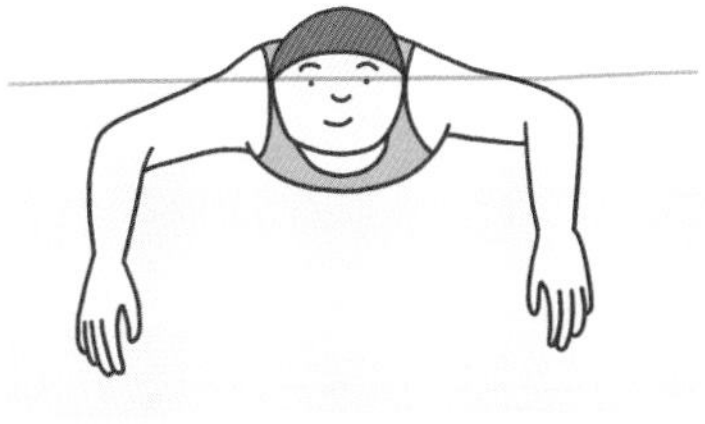

4 両肘が頭の位置にきたとき、肘は直角になっています。

5 両手が肩の位置にきます。

6 手のひらを外側から内側に変え両手を閉じ、呼吸します。

7 脇を締めると同時に腕を前に伸ばします。

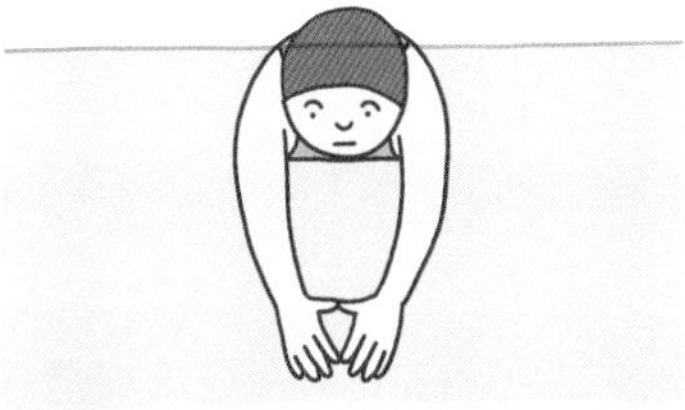

8 両腕を斜め前方へ伸ばします。

質問

5

手と足と呼吸のタイミングがわかりません

答え

5つのタイミングを理解しましょう

平泳ぎをきれいに効率よく泳ぐためには、タイミングがとても重要です。左ページにある5つのタイミングを覚えましょう。

5つの動作が分離されてできていれば、きれいな平泳ぎになります。平泳ぎが苦手な人は、①~⑤の動作が分離されず、連続する2つの動作を同時に行っています。手と足は一緒に動かさないのが原則です。初心者にありがちなのは、⑤のキックが③、④の動作と同時になってしまうこと。ストロークが苦手な人は③、④の動作が同時になることが多いです。5つのタイミングを体得するには、まず①と②だけをやる、②と③だけをやるなど、切り離して練習することです。

5つのタイミング

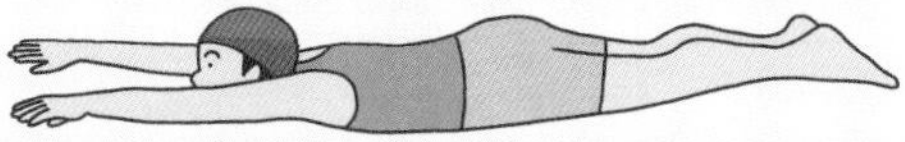

1 水をかく

両手を伸ばして、水をかきはじめます。

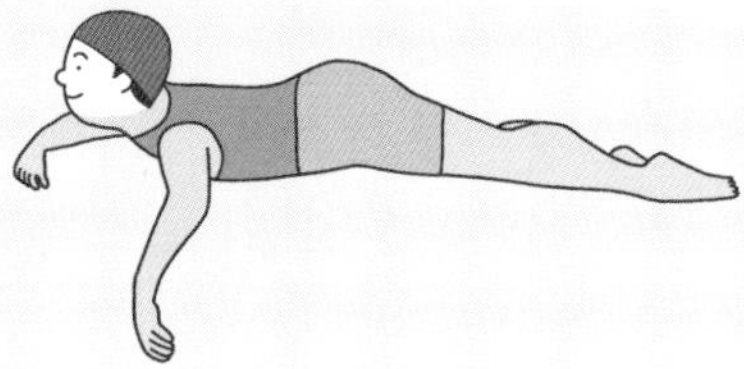

2 顔を上げる（呼吸）

水をかきはじめてから顔を上げ、呼吸をします。

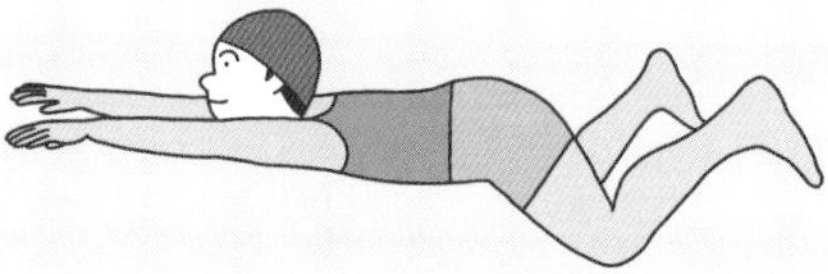

3 手を前に伸ばす

手を前に伸ばしてから、足を引きます。

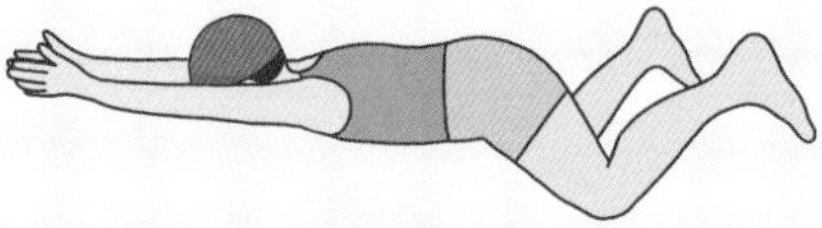

4 頭を入れる

頭を水に入れます。胸から落とすイメージで。

5 キックをする

頭を水に入れた後で、キックを打ちます。

動画でチェック！

質問

6

泳いでいるとき、頭だけ動き過ぎといわれます

答え

背中と一緒に胸を落とすようにしましょう

呼吸の後、頭(顔)だけ水中に入れていませんか？　私かも……と思いあたる方は、必ず変えてほしいですね。

一番沈めたいのは胸です。パート1の25ページでも説明したように、平泳ぎは胸を沈めながら重心移動して、下半身を浮かせて前に進んでいます。顎を引いて頭だけ入れると背中が残ります。つまり胸が沈まないので、体重が前に乗らず進みません。

では、どうすればいいのかというと、背中と一緒に頭(後頭部)を入れるのです。といっても難しいですよね。左ページにあるように、頭から背中のラインを崩さずに前に倒れると胸が沈みます。バタフライも同様です。

OK 頭と背中を一緒に沈める

頭から背中のラインを崩さず、そのまま前に倒れながら沈みます。胸が沈んで下半身が浮かびます。

NG 頭だけを入れ過ぎる

背中よりも頭が先に水中に入ってしまうと、胸が沈まず上半身が浮いてしまうことに。

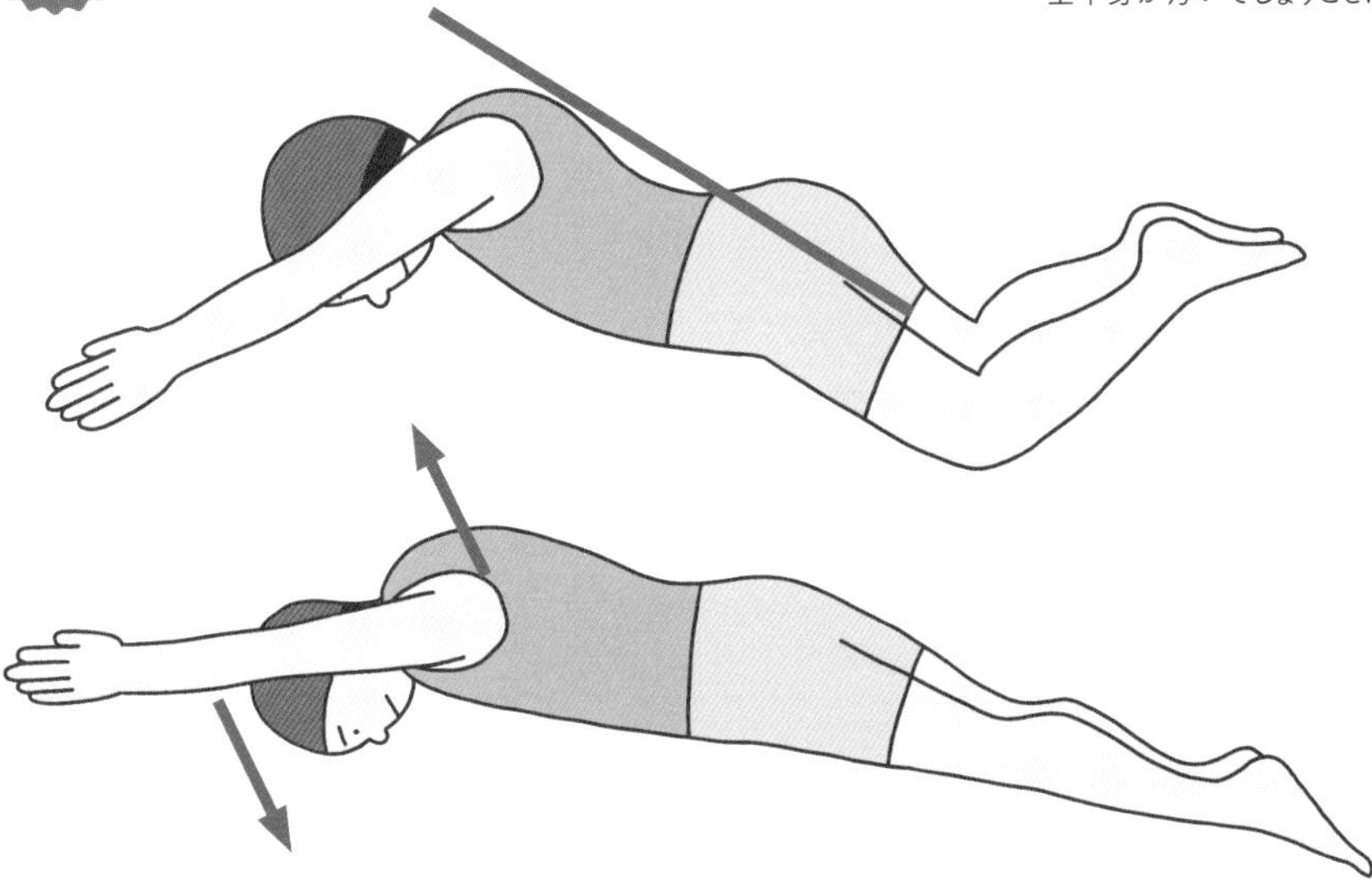

質問

7

足を引くと腰が沈むんですが、どうしたら？

答え

前腿をお腹に近づけ、足裏を水面にはわせるようにすると腰は沈みません

足を背中側に引いていませんか？足先が水上に出てしまい、腰が沈むキックになります。95ページのNGキックも参照してください。前腿をお腹に近づけるようにすると、足先は水上にでないので腰は沈みません。ただし、このとき足裏は水面をはわせるようにしましょう。

脚を引いてもOKですが、足裏は水面に向けましょう。

質問

8

平泳ぎのキックをすると、ひざや腰が痛くなります

答え

蹴るときではなく、閉じるときに力を入れてみましょう

この悩みを持つ方の泳ぎを見ると、蹴るときに力が入っています。なかなか進まないだけでなく、体が反って腰やひざを痛めてしまう原因になるので修正しましょう。平泳ぎのキックは本来、脚を閉じるときに力を入れるので、内くるぶしに水がひっかかる感じです。下図の〝落ち葉はらいキック〟で練習してみましょう。

落ち葉がプールの底にあると想定し、足裏ではらう動作をして、キックで脚を閉じるときの力の入れ方を覚えます。

質問

9

伸びてくださいといわれるけど、どうやって伸びればいいの？

答え

バンザイしているだけでは伸びていません。肩甲骨から伸ばしましょう

水をかきはじめるとき両腕は、下図のような形になっています。「伸びてください」といわれたら、なるべく遠くにある物をつかもうとするように腕を伸ばせば○。そのためには肩甲骨の柔軟性が必要です。左ページを参考に準備体操で肩甲骨体操を行ってください。

外側にスッーと広がりバンザイするような形をアウトスイープといいます。肩甲骨から動かします。

肩甲骨体操をやってみよう

肩甲骨を上げる

姿勢をよくして立ち、耳に近づけるように、両肩をゆっくり上げていきます。

肩甲骨を下げる

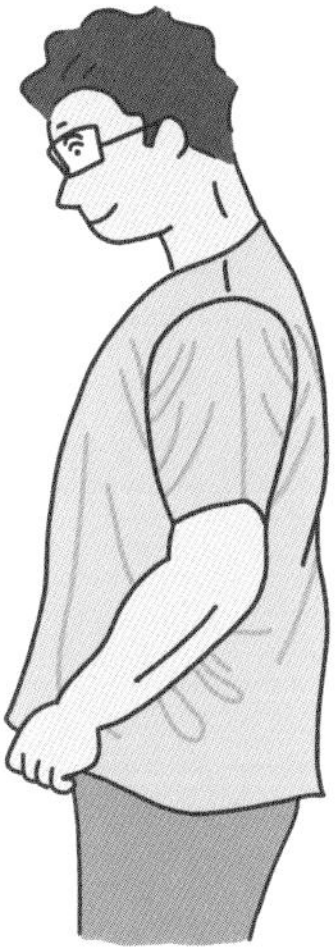

両肩をゆっくり下げます。脇の下に力を入れて、耳と肩の距離を離すイメージで。

肩甲骨を前に出す

猫背になり、両肩を胸の前でつけるイメージで前に動かします。

肩甲骨を後ろに引く

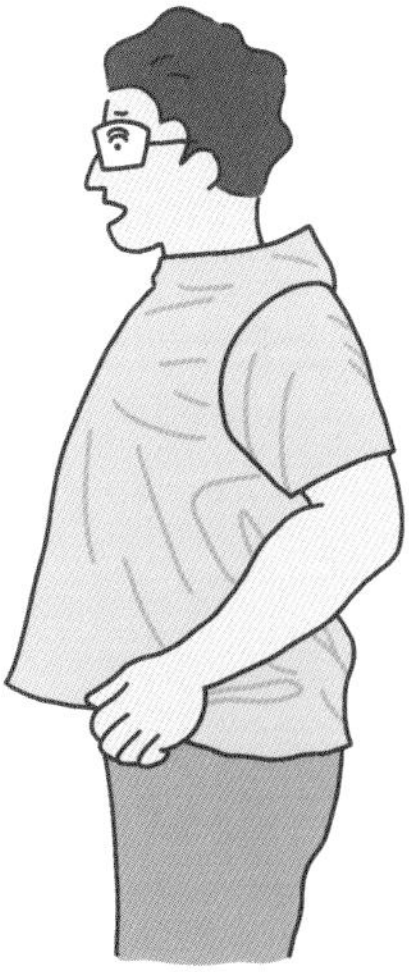

胸を張り、両肩を後ろに引きます。左右の肩甲骨を背中の中央に寄せるイメージで。

バタフライって こんな泳ぎです！

4泳法の中で 一番筋力を使う パワフルな泳ぎ

競泳界でいえば、4泳法の中ではパワーが必要になる泳ぎ。もちろん、大人水泳では極力筋力に頼らない泳ぎをするのが理想ですよ。

バタフライは 突然うまくなる

ほかの3泳法は徐々に上達しますが、バタフライは「手と脚のタイミングが合う」と突然できるようになります。（それまでは、まったくできる気がしないかもしれないけれど、諦めないで！）

バタフライは 平泳ぎから発展。最も新しい泳法です

競技の平泳ぎ種目で、バタフライ泳法で泳ぐ選手が増えたことで、1956年のメルボルン五輪からバタフライが独立種目として採用されました。

「泳いでみたい!」と言われる泳ぎNo.1

その爽快な見た目からか「泳いでみたい!」と言われる泳ぎNo.1。

リカバリーの時間が短いのでプルが難しい

頭が水から出ている間に両手を前に戻さないといけません。ほかの泳法よりも時間が限られているので難しいのです。

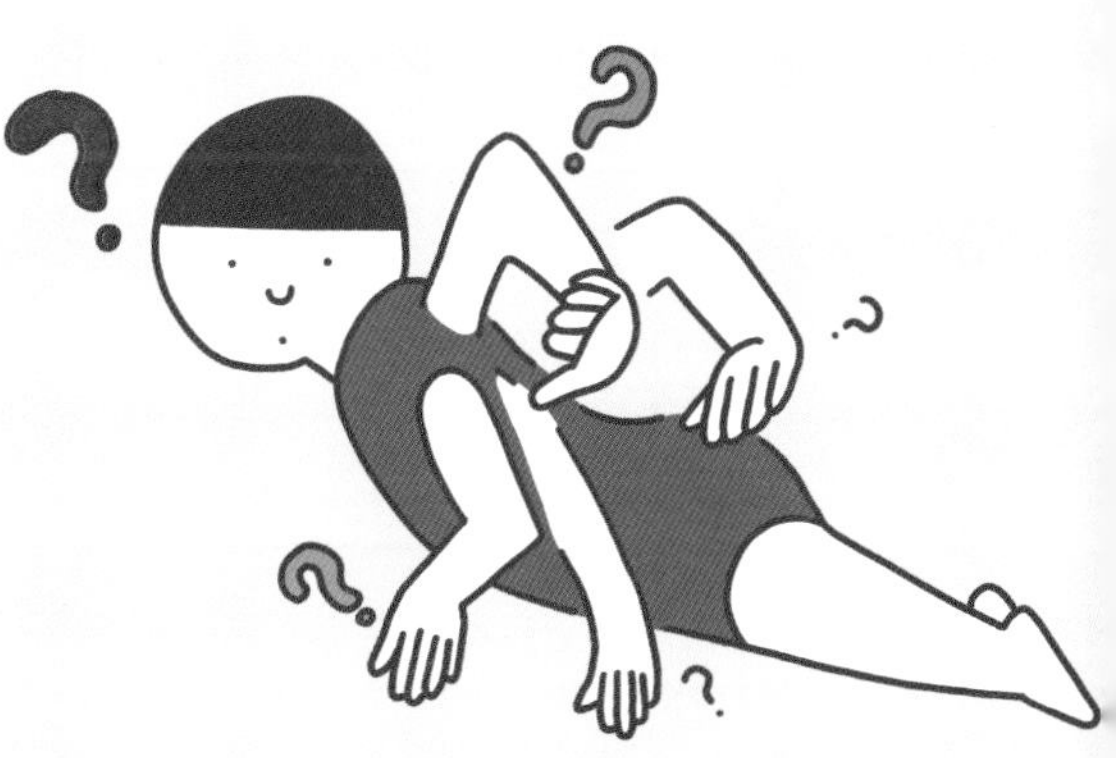

バタフライを
動画でチェック!

バタフライのコツ
姿勢

体を前に進ませる基本 “下腹凹ませ姿勢”

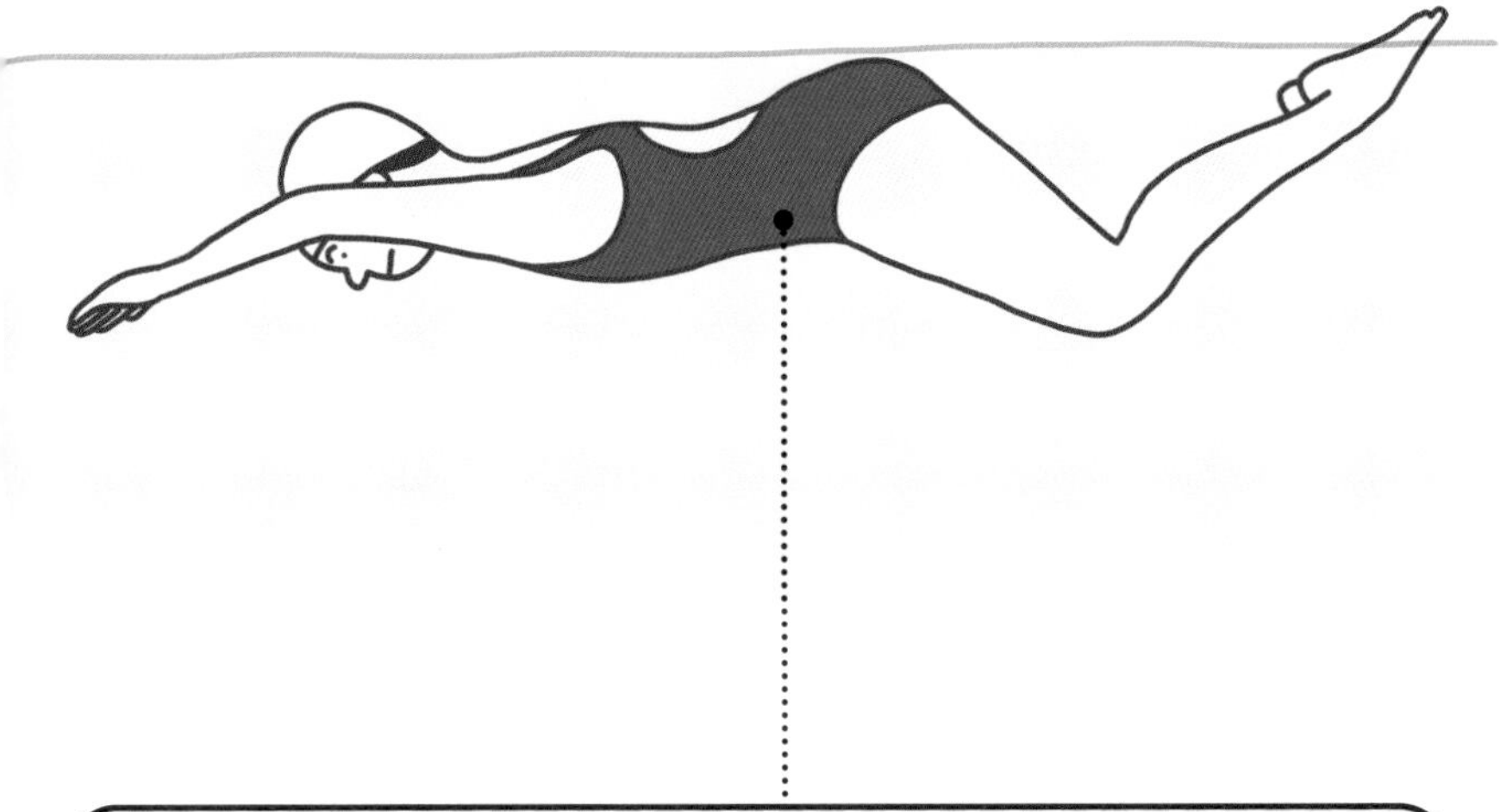

姿勢のポイントは、下腹に力が入ること。陸上で立ったまま深くおじぎをすると、下腹が凹んで自然と力が入りますよね。バタフライはまさにこの感じを繰り返して進んでいるんです。

下腹に自然と力が入る正しい動きを覚えましょう

体を上下動させてうねるようにして前に進むバタフライの正しい姿勢が右ページの〝下腹凹ませ姿勢〟です。両足を同時に上下させるドルフィンキックがしっかりできれば、自然にこの姿勢になります。

最初にドルフィンキックを練習する際、お腹に力を入れるよう言われることがあります。でも実際には「お腹に力を入れること」が目的ではなく、正しい動きをすると「自然とお腹に力が入る」というのが正解です。まずは陸上で寝転びながらできる練習で、お腹の使い方をマスターしましょう。

下腹に自然と力が入る方法

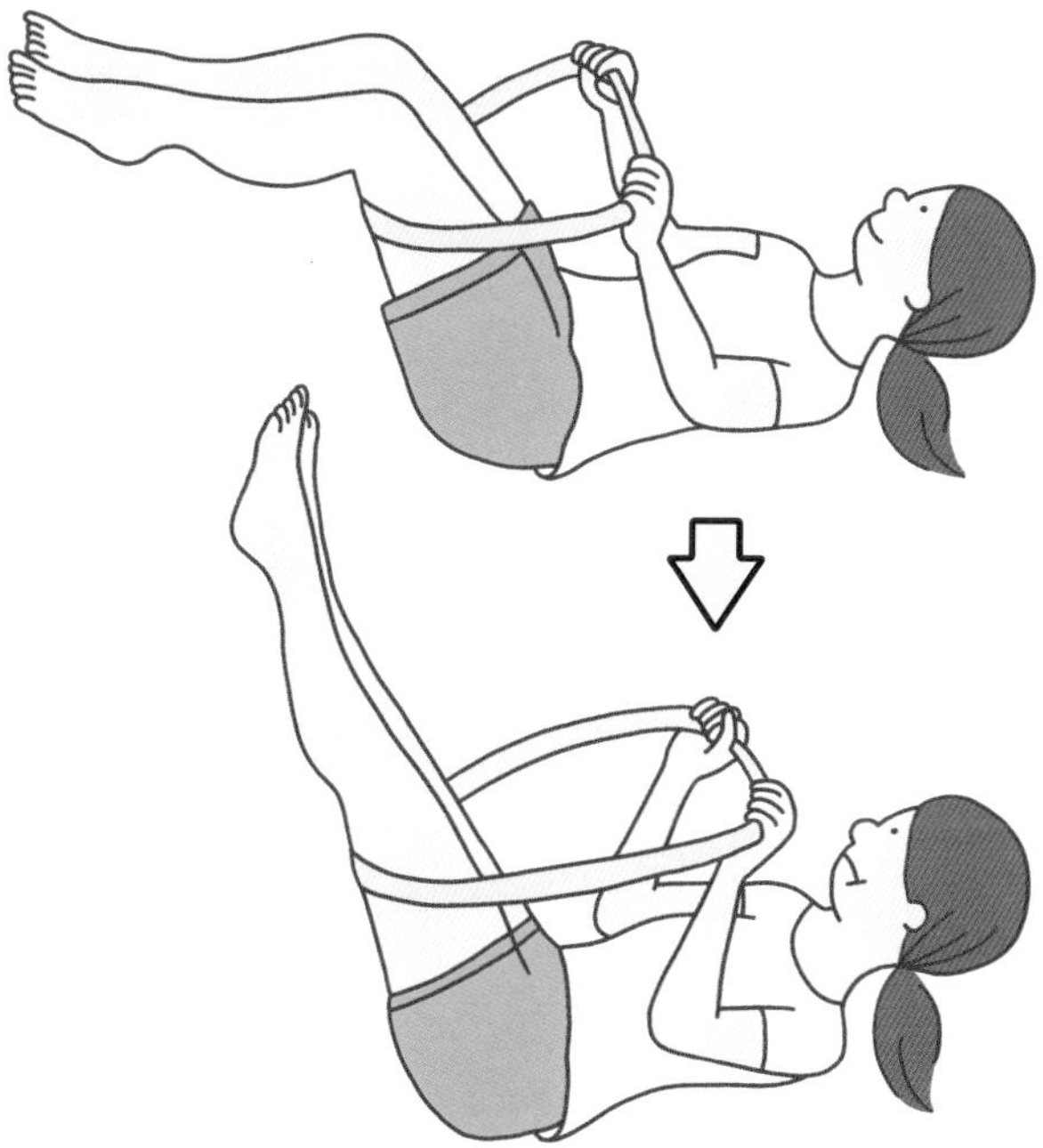

タオルやひもを用意します。ひもを太腿にかけ、仰向けになり肩甲骨の上部をやや床から浮かします。腰は床に押し付けるようにします。

そのままの姿勢でひざの位置は動かさず、両脚は斜め上45度くらいに伸ばします。下腹に力が入るはず。腰は反らないように。

動画でチェック！

バタフライのコツ

プル

かく1：戻す9の力配分で "ふわっとかきシュッと戻し"

バタフライは腕を戻す泳ぎです。かくときは力を抜き1、戻すときに力を入れる9！この力の配分で行うことが肝心。縄跳びを跳ぶときの手（腕）の力加減に似ているんです！

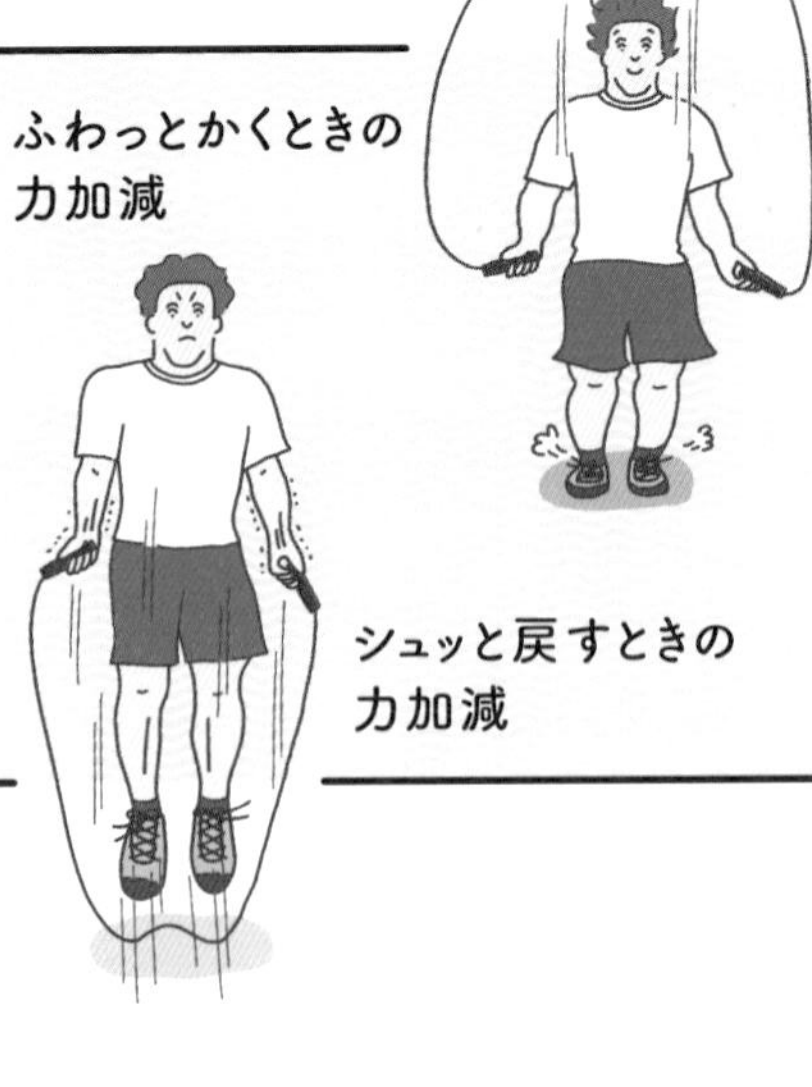

ふわっとかくときの力加減
シュッと戻すときの力加減

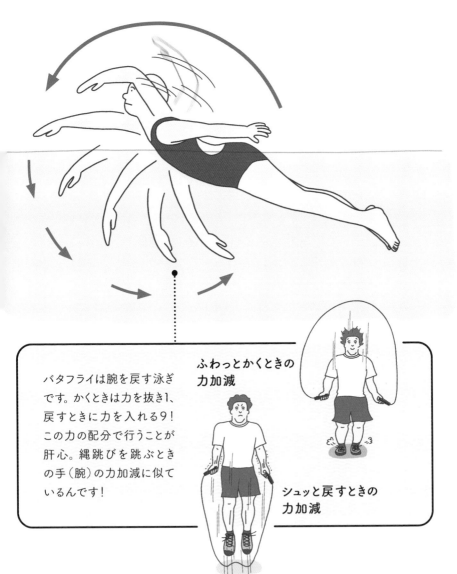

力加減をコントロール 省エネリカバリーで

バタフライで、腕が戻らないという人はとても多いですね。解消するコツが、右ページで紹介した"ふわっとかきシュッと戻し"。ストロークの力配分を、かく1：戻す9にすること。腕を水上で戻すときに力が必要なんです。

ポイントは腕を動かそうとしないで、肘から戻すこと。27ページでも触れましたが、先に肘が水面から出たあとで手がついてくるという感じです。

そしてもうひとつ。薬指あたりで水をプッシュすると、手がスッと抜けて戻しやすくなりますよ。

クロールのプルとの力配分の違い

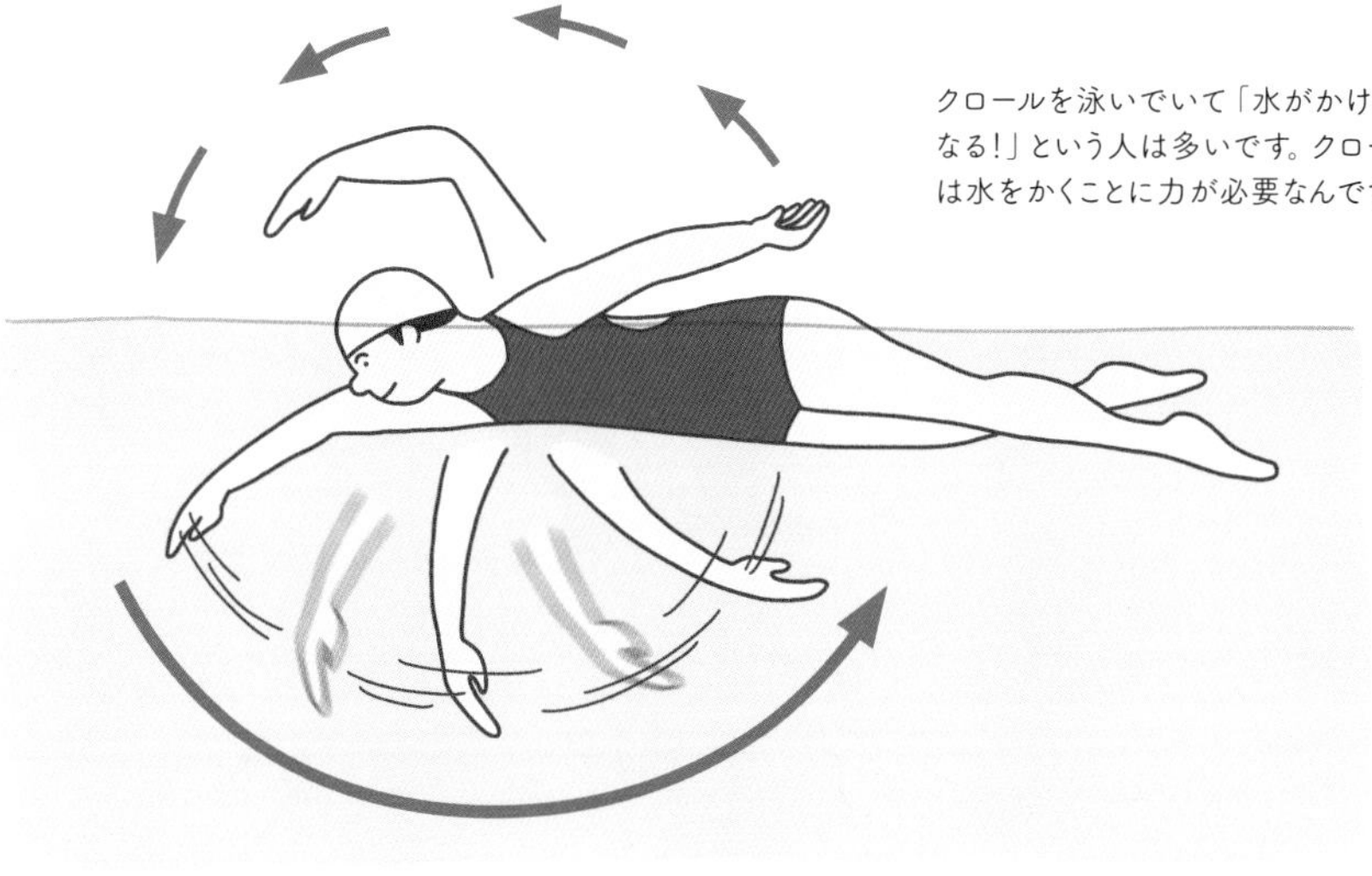

クロールを泳いでいて「水がかけなくなる！」という人は多いです。クロールは水をかくことに力が必要なんです。

動画でチェック！

バタフライのコツ

キック

第1キックは“潜るキック”
第2キックは“浮かすキック”

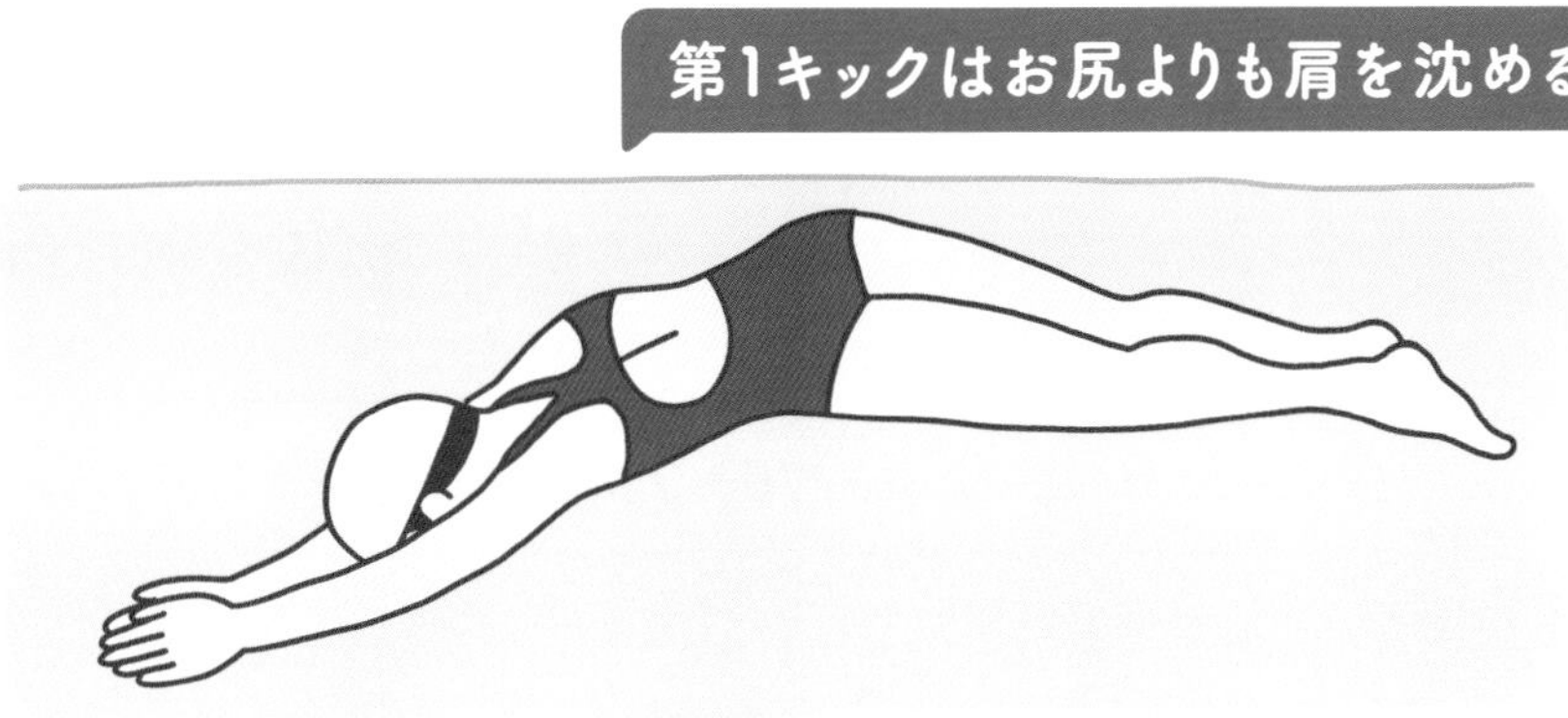
第1キックはお尻よりも肩を沈める

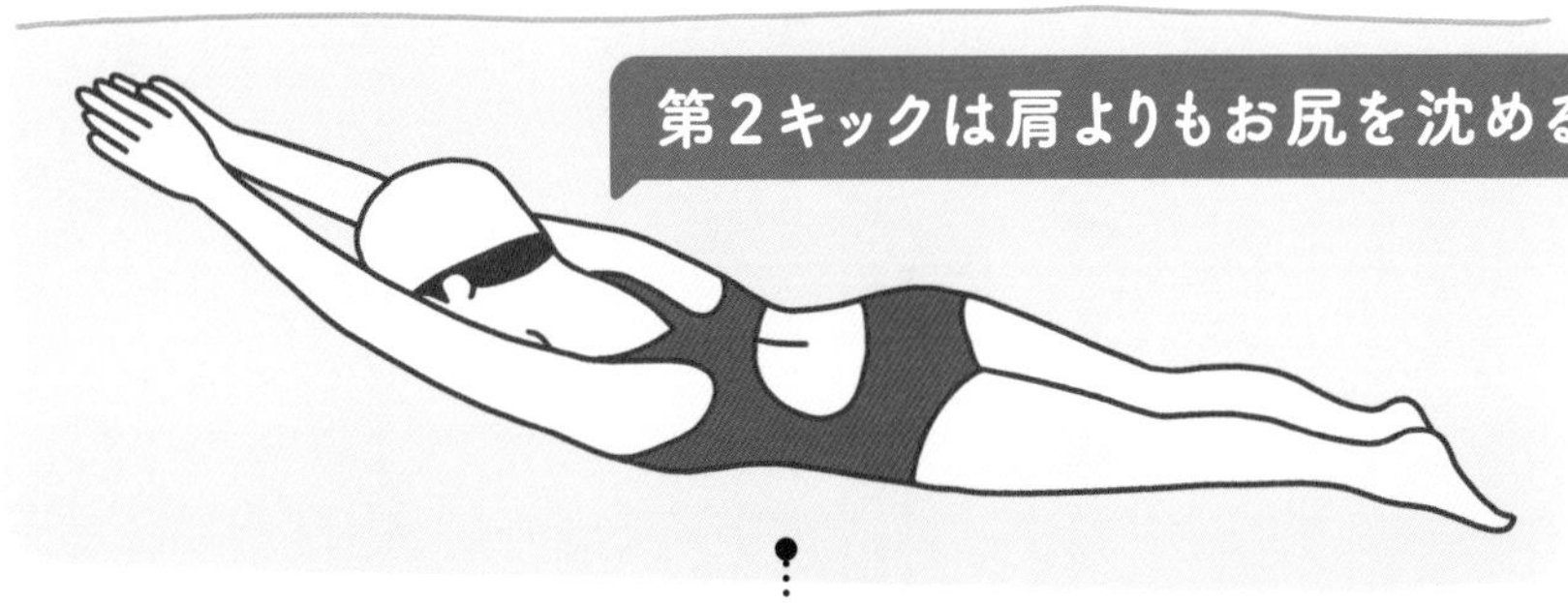
第2キックは肩よりもお尻を沈める

バタフライには第1と第2の2つのキックがあり、蹴り方、蹴るタイミングが違います。蹴る前の動作は、第1キックは太腿を引き上げる感じ、第2キックはひざを曲げる感じで。

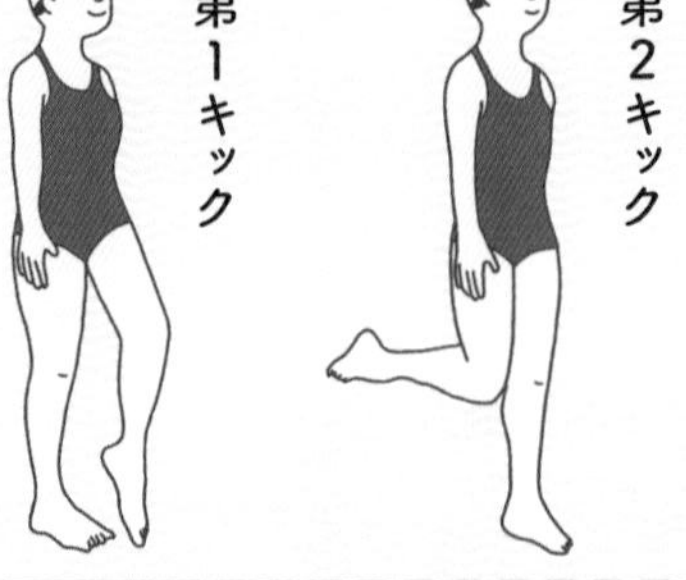
第1キック
第2キック

第1はお尻を上げる 第2は頭を上げる

バタフライの第1キックと第2キックは、役目が違います。第1キックは下半身を上げるために潜るようにキックし、第2キックは体を浮上させたり、前方に体を運んだりするためのキックです。2つを交互に行いながら進みます。

2つのキックをして忘れないでほしいのが、第1キックの前に太腿を引くこと、そして第2キックのあとにひざを伸ばし続けることです。

下図のように気をつけの姿勢でキックの練習をすると、体重移動がわかりやすいです。潜る第1キックと浮かぶ第2キックをしっかり区別してやってみましょう。

第1キック

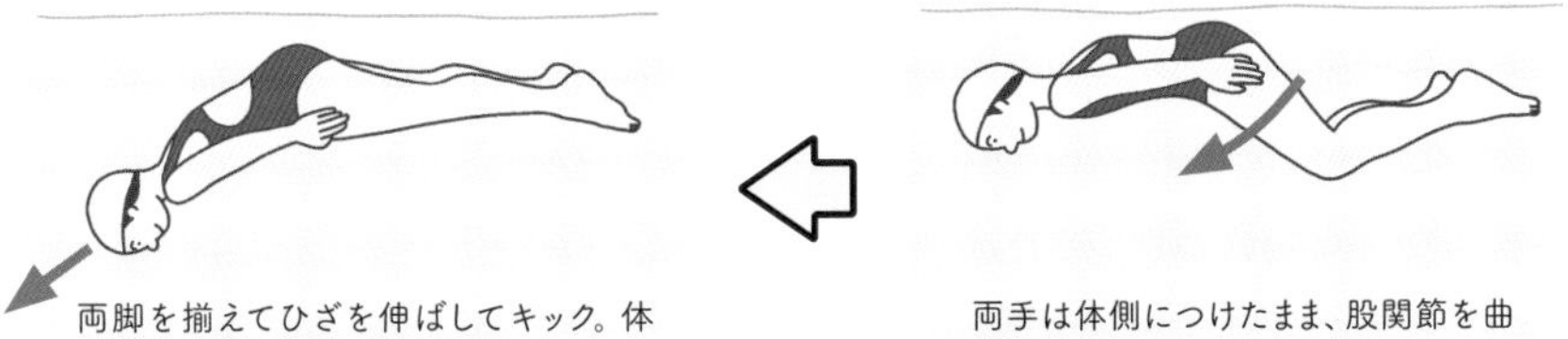

両手は体側につけたまま、股関節を曲げ、太腿を持ち上げるように両足を引きます。

両脚を揃えてひざを伸ばしてキック。体は斜め下に潜り込ませ、お尻（太腿の裏側をイメージして）を水面に持ち上げます。

第2キック

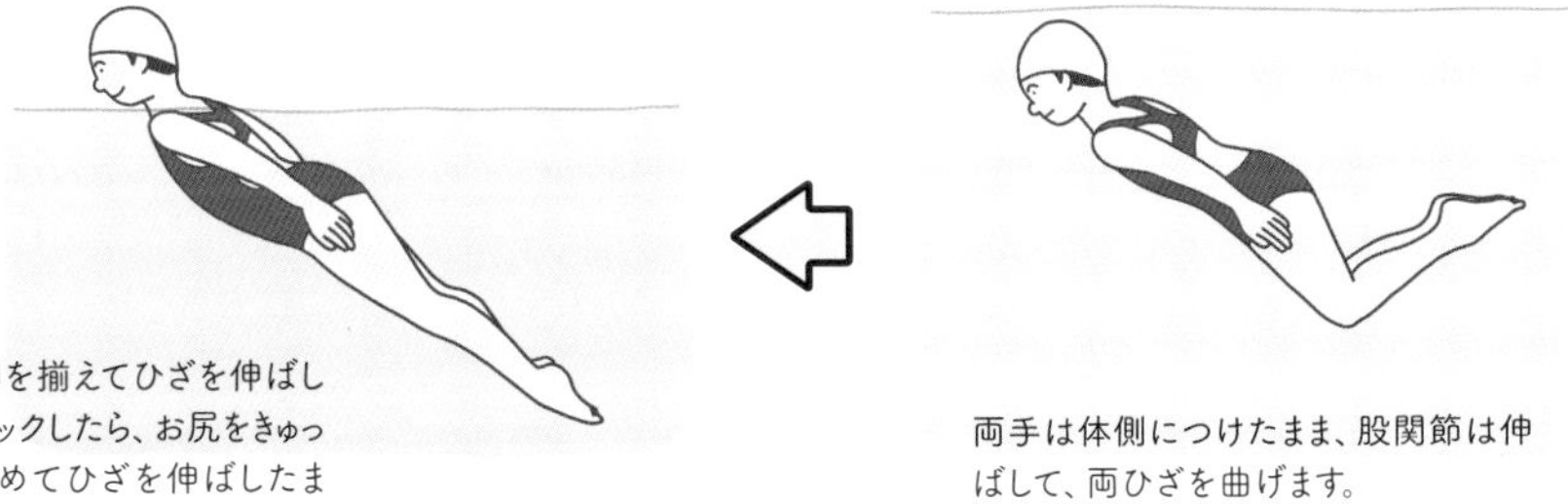

両手は体側につけたまま、股関節は伸ばして、両ひざを曲げます。

両脚を揃えてひざを伸ばしてキックしたら、お尻をきゅっと締めてひざを伸ばしたまま体を浮かせます。

動画でチェック！

バタフライのコツ

呼吸動作

“キラキラ水面見上げ”で楽浮き&楽呼吸

呼吸動作のコツは、キラキラ光る美しい水面を見る！です。頭が勝手に水面に上がるので、呼吸動作が楽。同時に手と水面の距離は5〜10㎝をキープ。いつも同じ位置で水をかく！

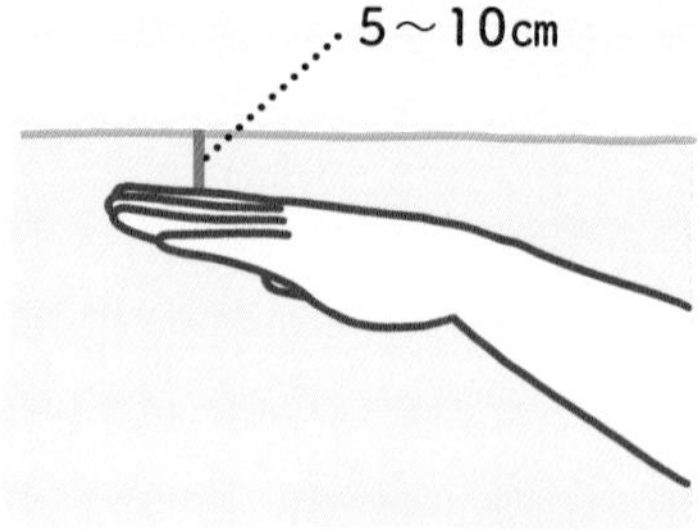

頭が自然に浮上！スムーズな呼吸動作に

バタフライの呼吸が苦手、という方にぜひトライしてもらいたいのが〝キラキラ水面見上げ〟です。意識するのは、潜った後に水面を見上げること。水中から見るととてもきれい！　ぜひ見てください！と指導しています。自然と体が浮き上がってくるので呼吸動作も楽ちんです。

水をかくのは、水中から水面を見上げてから。手は水面すれすれのところでかくのが理想。水面を見ると手と水面の距離感もわかるので、水をかくタイミングもとりやすくなります。

楽に長く泳ぐために、毎回息継ぎするようにしてくださいね。

OK 水面を見上げてから水をかく

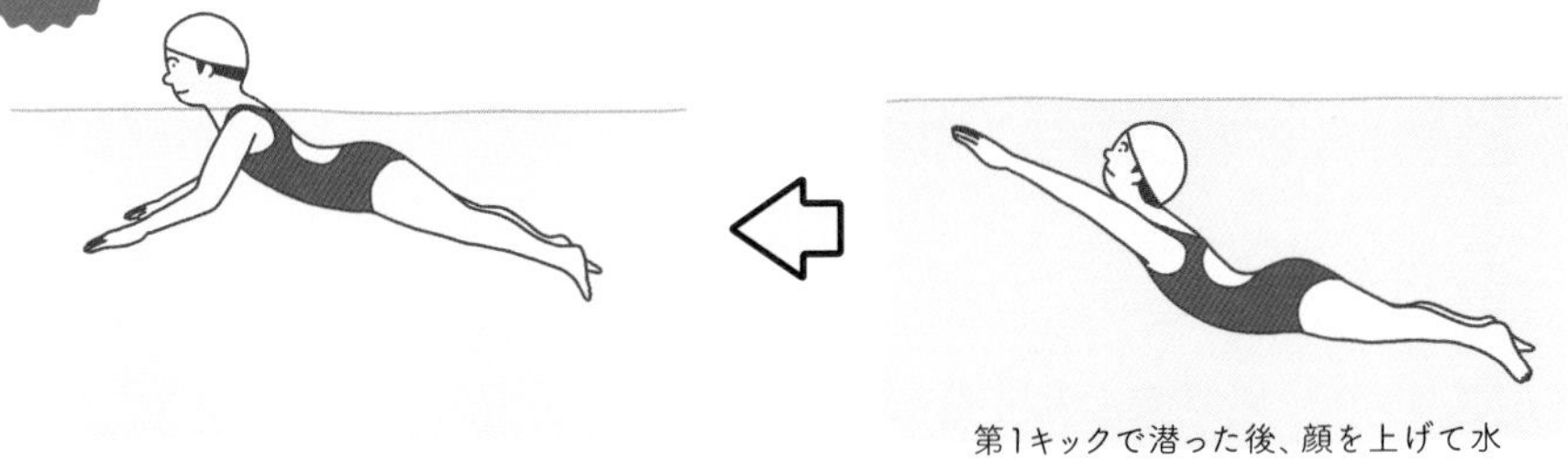

第1キックで潜った後、顔を上げて水面を見続けます。すると体が自然に浮いてくるので、呼吸動作も楽になります。それから水をかきます。

NG 水をかいて顔を上げる

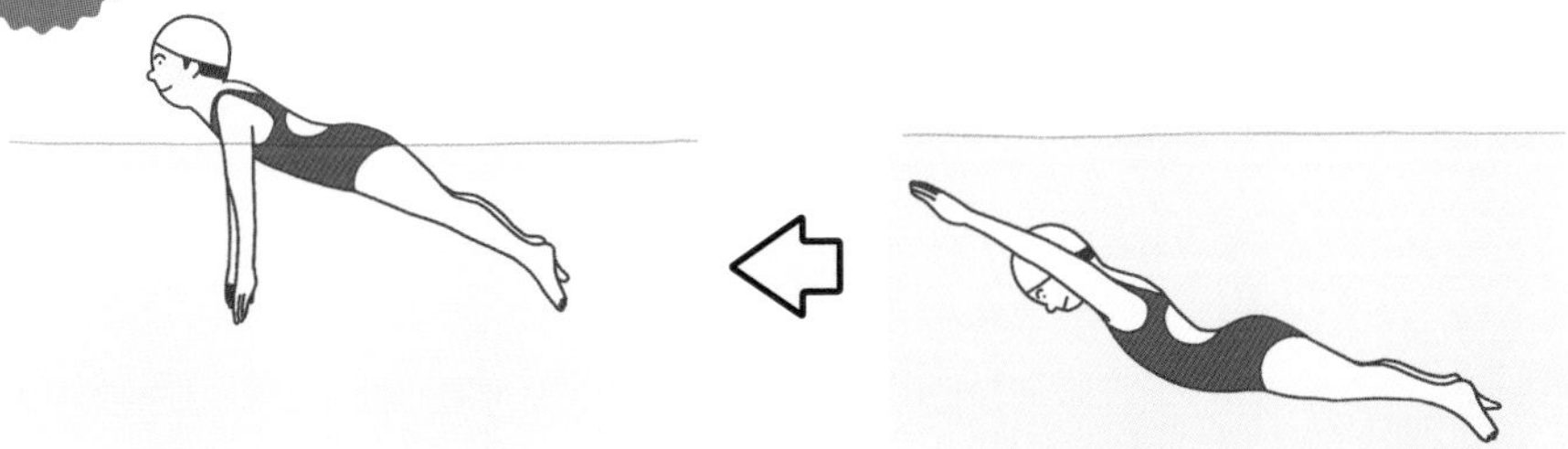

潜ったときに下を見たままだと体が上がるのに時間がかかります。呼吸動作が遅くなって、リカバリーの時間がなくなります。

動画でチェック！

バタフライのお悩み解決します

質問 1

泳ぐとすぐに疲れてしまいます

答え

上手に重心移動ができるようにイルカ飛びの練習をしましょう

バタフライの基本、重心移動ができないと、下半身がどんどん沈んでなかなか前に進みません。がむしゃらに手をかこうとすれば、余計なパワーが必要となり、疲れてしまうのです。

バタフライの重心移動は平泳ぎと同じです。胸を落として(肺を沈める)、体重を前に乗せて水中に潜ること。しっかり潜れないと浮き上がり動作が難しくなるので、うねりのあるきれいな泳ぎにはなりません。

重心移動については25ページでも解説しています。

プルブイを使いイルカ飛びの練習をすると、バタフライでの体重移動がスムーズになります。

バラフライの重心移動

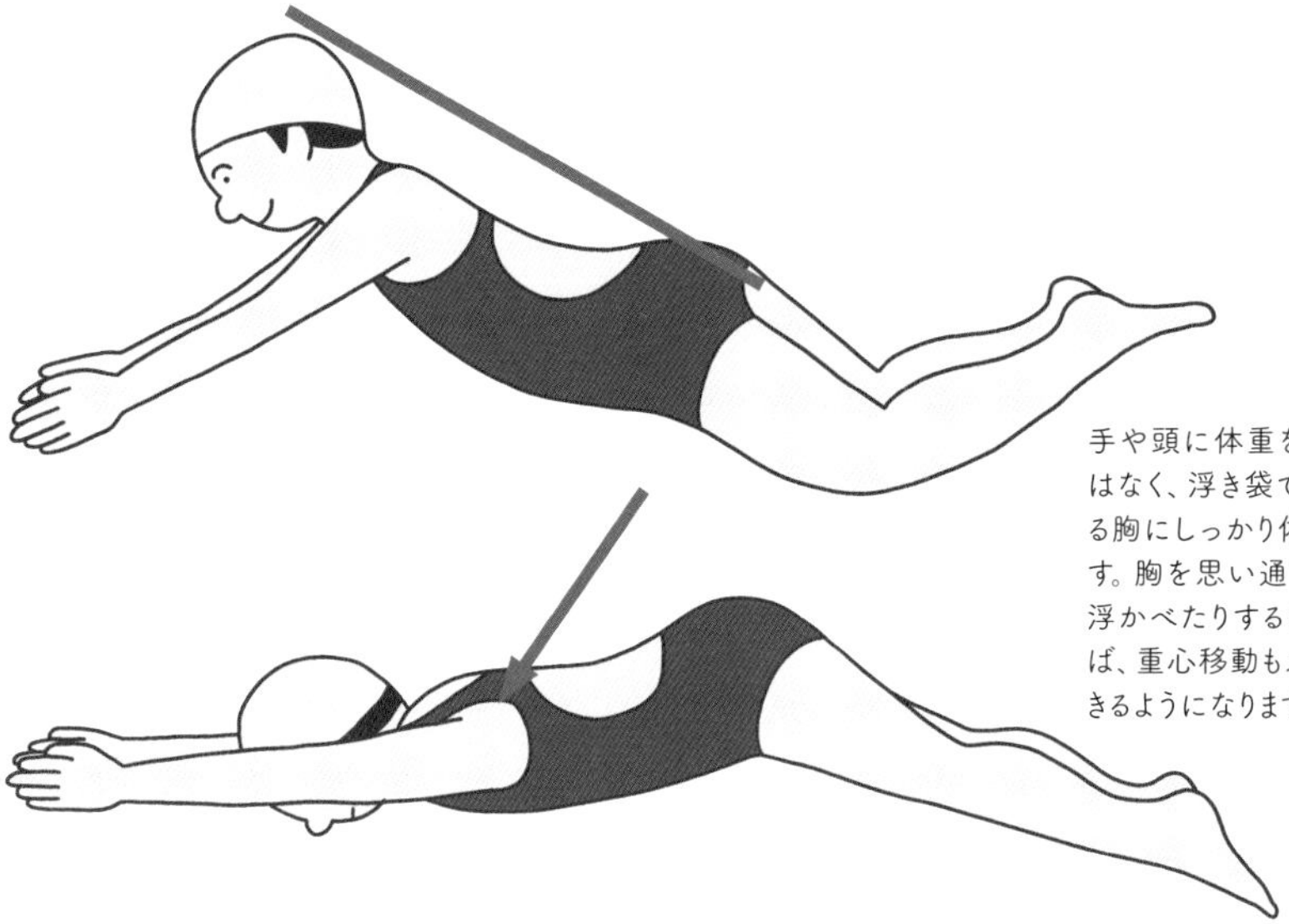

手や頭に体重をかけるのではなく、浮き袋である肺がある胸にしっかり体重をかけます。胸を思い通りに沈めたり浮かべたりすることができれば、重心移動もスムーズにできるようになります。

プルブイを使ったドリル

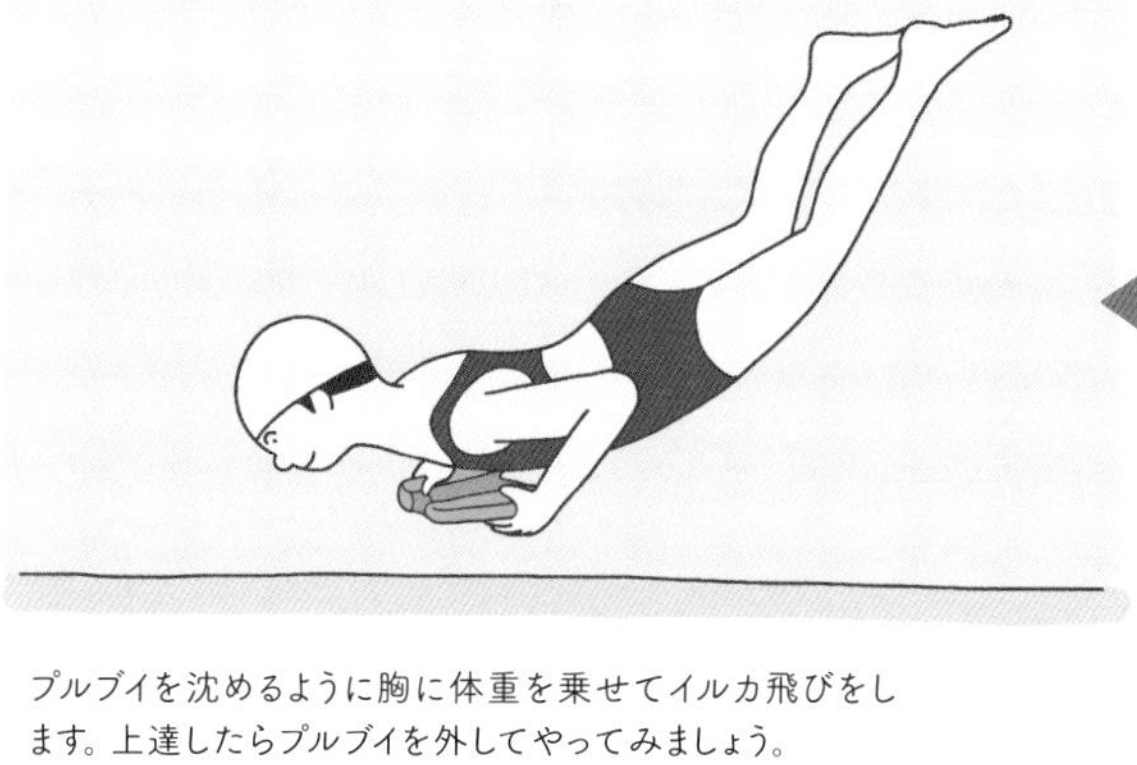

プルブイを沈めるように胸に体重を乗せてイルカ飛びをします。上達したらプルブイを外してやってみましょう。

イルカ飛びとは、プールで立った状態から水中へ潜る練習。プルブイを胸にかかえ、両手でつかみます。

質問

2

腕が水から出てきません。どうしたら？

答え

タイミング、手のリリース（抜き）に問題あるかも

水をかきはじめるタイミングや手をかき過ぎていることが考えられます。まずはプルを浅く保つ練習をしましょう。50～70㎝の浅いプールでの練習が適しています。水平に腹ばいになって、水をキャッチするプルと、プッシュから抜き上げるまで練習を。両肘の位置と両手の深さを意識します。

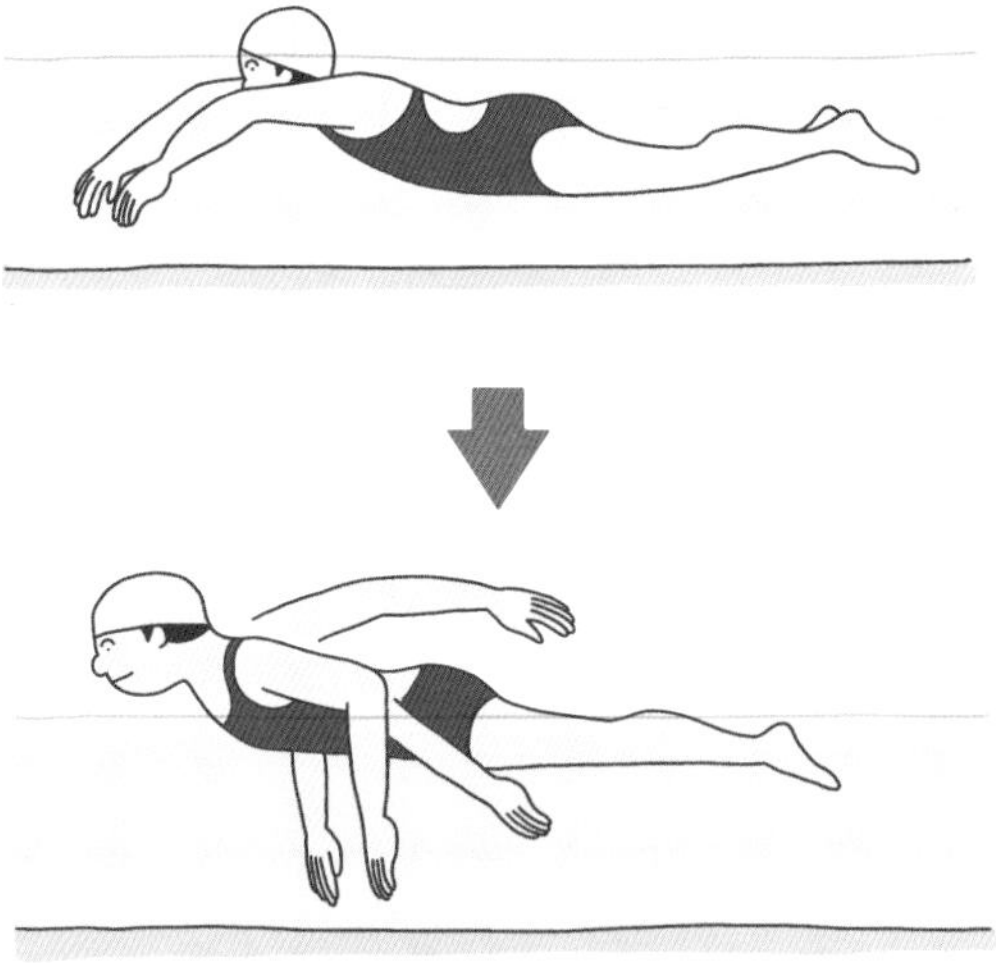

キャッチは手のひらを少し外向きにしてから垂直に指先をプール底面に立てます。後半は、肩→肘→手の順序で水面から両腕を抜き上げます。

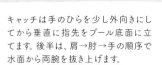

質問

3

手はどのあたりで入水すればいいの？

答え

サーフボードに乗り、時計の10時&2時の位置に入水するイメージで

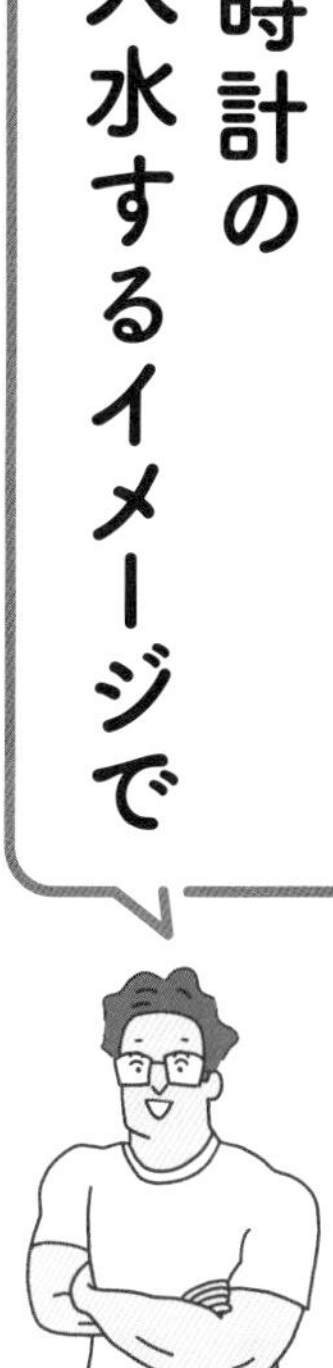

サーフボードにうつ伏せで乗った状態をイメージしましょう。頭の横を通り過ぎたら入水です。位置は、ちょうど時計の針の10時と2時の位置くらいになるはず。肩幅より広めに入水すると、タイミングがずれても泳げます。入水は肩幅より内側にならないように。

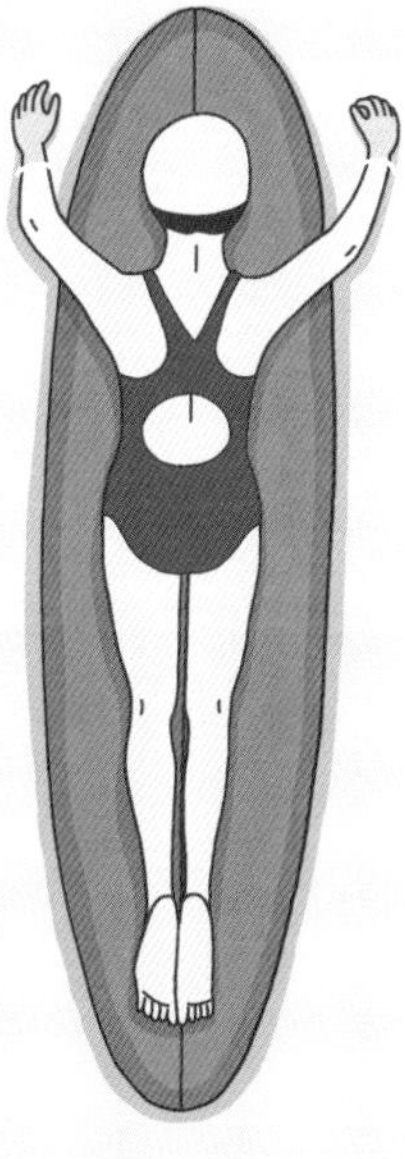

質問

4

バタ足は得意だけど、ドルフィンキックがうまくできません

答え

キックのあとにひざを曲げないで2秒止めるを意識してみましょう

第1キックと第2キック、それぞれの適切な時間比のリズムがあると考えています。

それが1：3の法則です。1秒かけて潜り、3秒かけて浮かぶという割合です。ドルフィンキックが苦手な人はこのリズムを意識して練習してみましょう。

キックを打って潜るが「1」

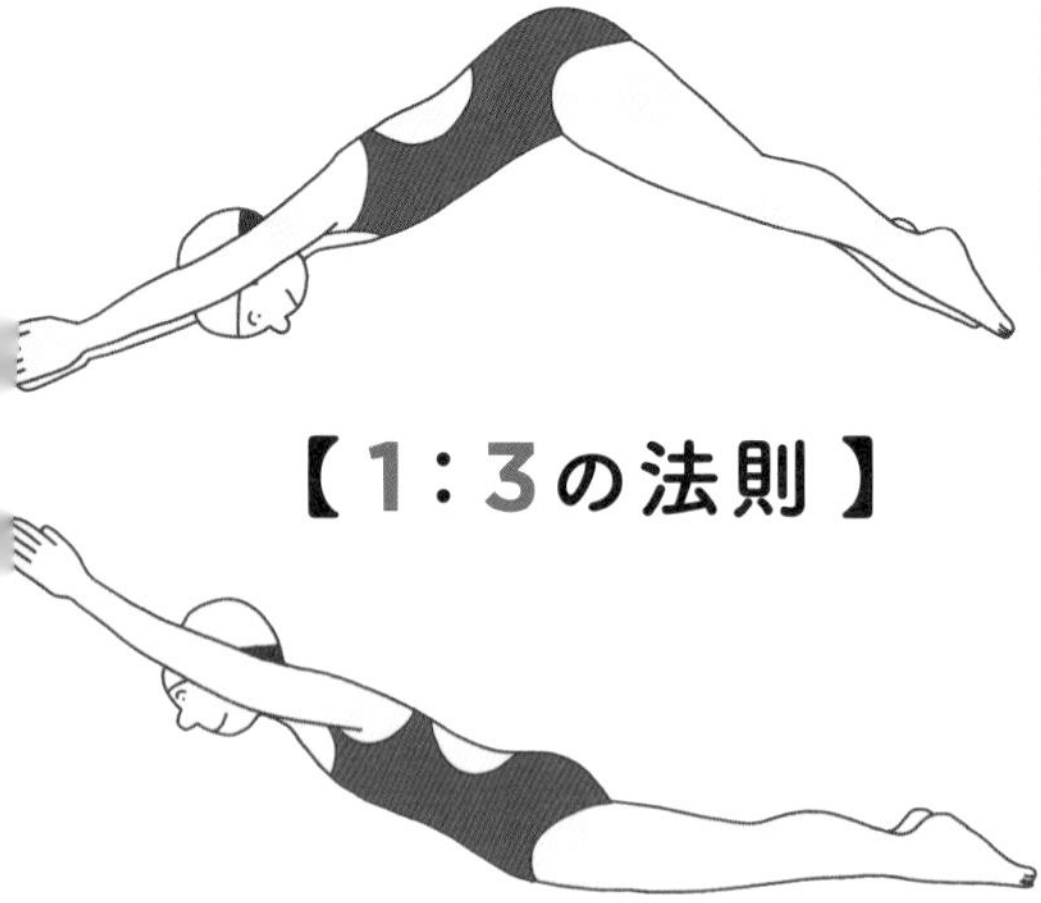

【1：3の法則】

浮かび上がるが「3」

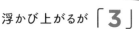

質問

5

呼吸するときはプールの水面を見るようにといわれるけど、しっくりきません

答え

顎を上げて、少し斜め上を見るように首を伸ばしてみましょう

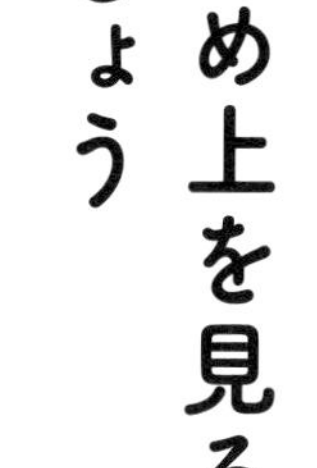

呼吸のポイントは首の使い方です。顎を上げて、少し斜め上を見るように首を伸ばして呼吸動作を行うと、体は反らずにフラットな姿勢で呼吸することができます。

プールの水面を見るようにと言われると、頭頂の方向へ体が反ってしまうので、その後の体重移動が困難になります。

呼吸動作のコツの表現は「うがいをするときのように」「呼吸のときに首を伸ばして」などさまざま。

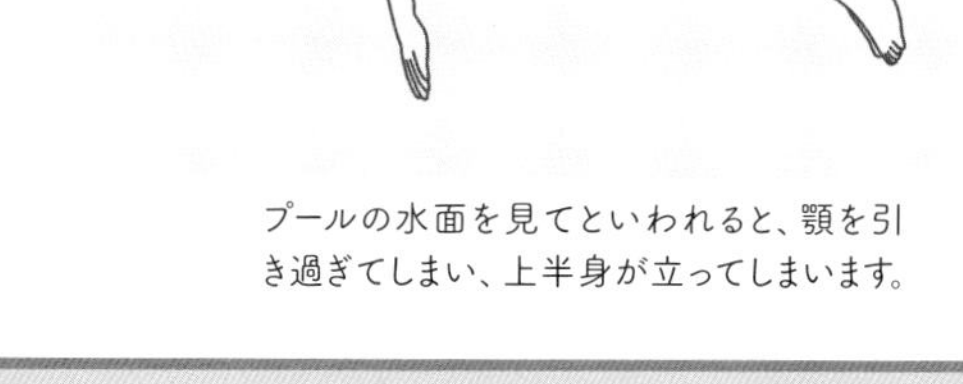

プールの水面を見てといわれると、顎を引き過ぎてしまい、上半身が立ってしまいます。

質問

6

バタフライとクロールのプッシュは同じ？

答え

水をとらえるときの手の場所が違います

プッシュはスムーズなリカバリーにつながる重要な動作です。

バタフライは水を切るため薬指あたりでプッシュ。手が水面からスッと出た勢いでリカバリーが楽になります。

一方クロールは手のひらの親指あたりでプッシュします。水をひっかけて推進力を得るためです。

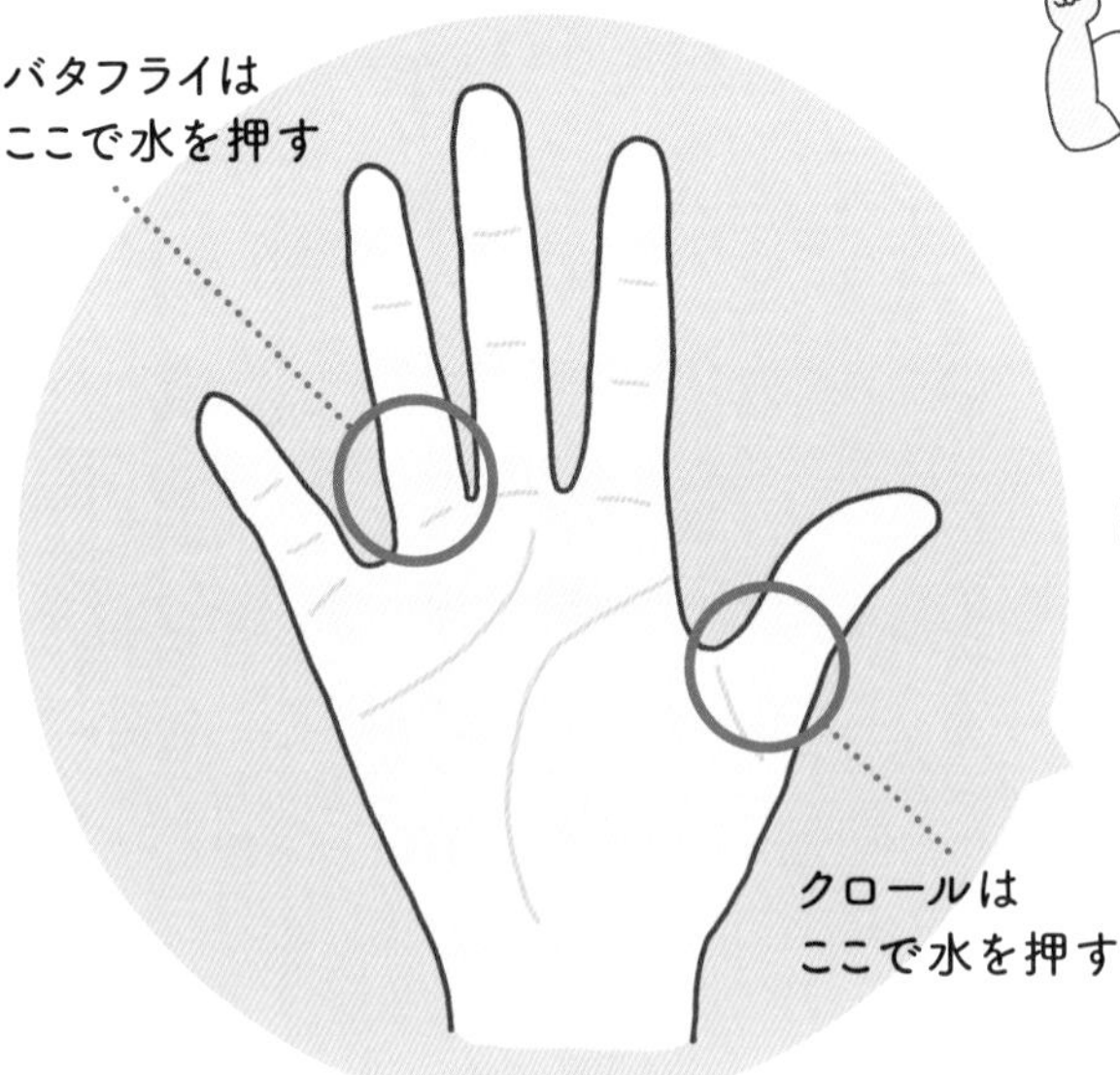

バタフライは
ここで水を押す
クロールは
ここで水を押す

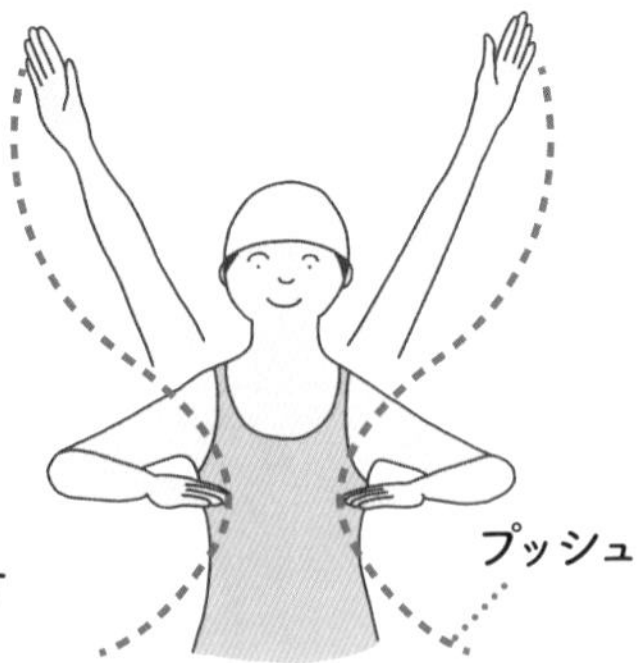

プッシュ

バタフライは、手であばらをなぞるようにしてからプッシュ。

PART 4

水泳を極める！知っトク情報

〔タッチターンを学ぼう〕

タッチターンとは、壁に手をついて方向転換し、壁を蹴って折り返すターンのこと。一般的にみなさんが使うターンです。しかし、タッチターンの方法をくわしく教えてもらったという人は少ないのでは。壁にタッチするときの体の向き、手をタッチする位置、ターン時の姿勢などを知りましょう。

25mプールで長い距離を泳ぐ場合は何度も繰り返すので、水の抵抗が少ない省エネターン（クロールの場合）をしっかり身につけたいですね。

タッチターンの3つのポイント

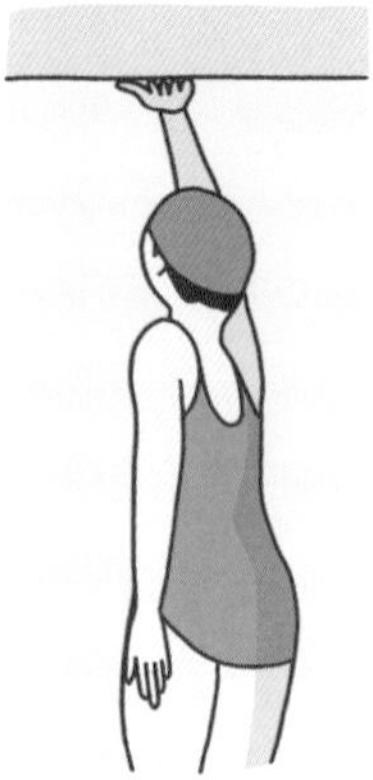

ポイント 1 体は横向きで手のひらタッチ

タッチするとき、体は下向きではなく横向きのほうがターンしやすい。また、手はやや内側に入れてタッチし、少し上にスライドさせます。肘を脱力してクッションにします。肘が伸びたままだと、腕がつっかえ棒になってしまい動きが止まってしまうので注意して。指先タッチしたり、壁を押すだけだと、腰が回りません。

ポイント

2 かかとをお尻に近づけてから腰を回転させる

両ひざを折り曲げ、かかとをお尻に近づけてから腰を回転させます。かかとをお尻につけないで腰だけ回すと足がついてこないので動きが重くなります。プールサイドを握ってしまうと、力が入って肘が曲がりません。

ポイント

3 ターン後の手の位置は頭の後ろに

両手は頭の後ろから前へ伸ばすようにして、横を向いたまま壁を蹴り出します。水中に向かって蹴伸びの姿勢をとります。

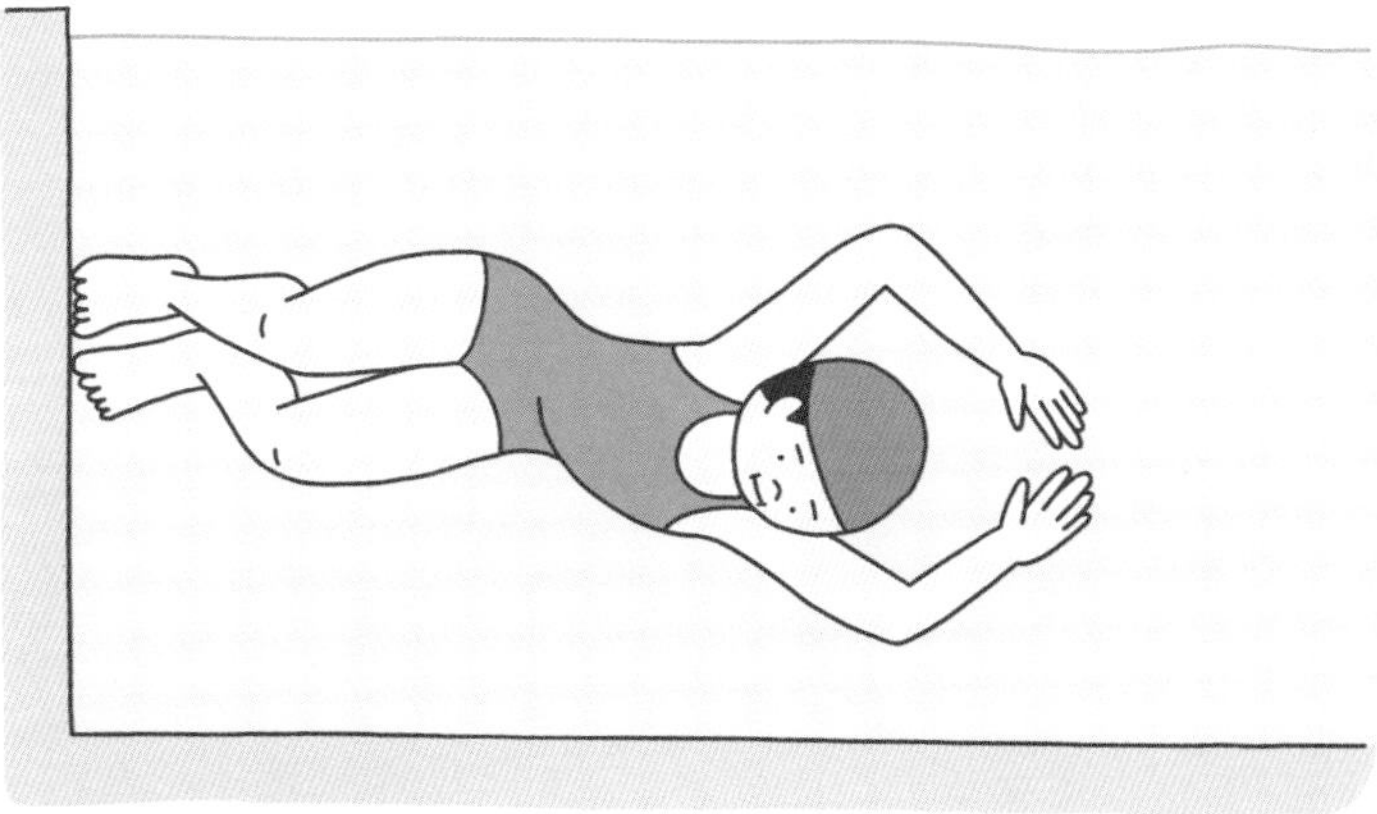

動画でチェック！

プルブイをつけたまま水の中で立つときは

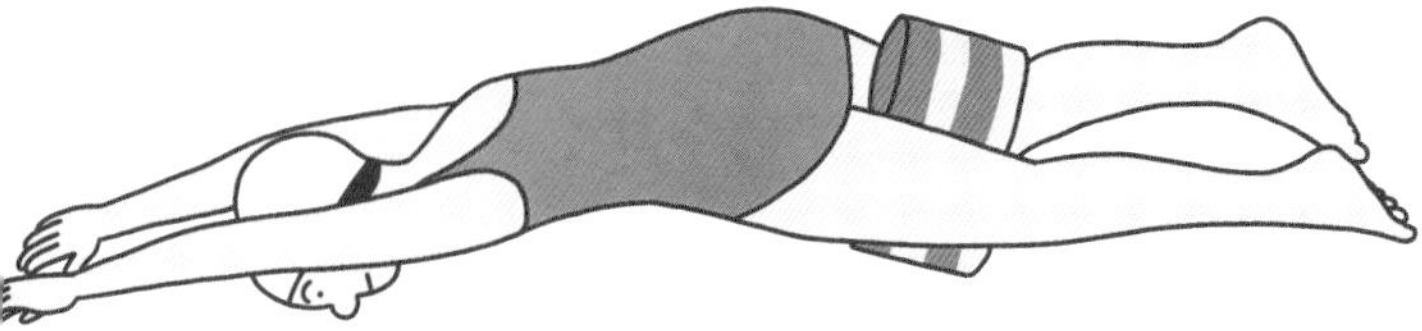

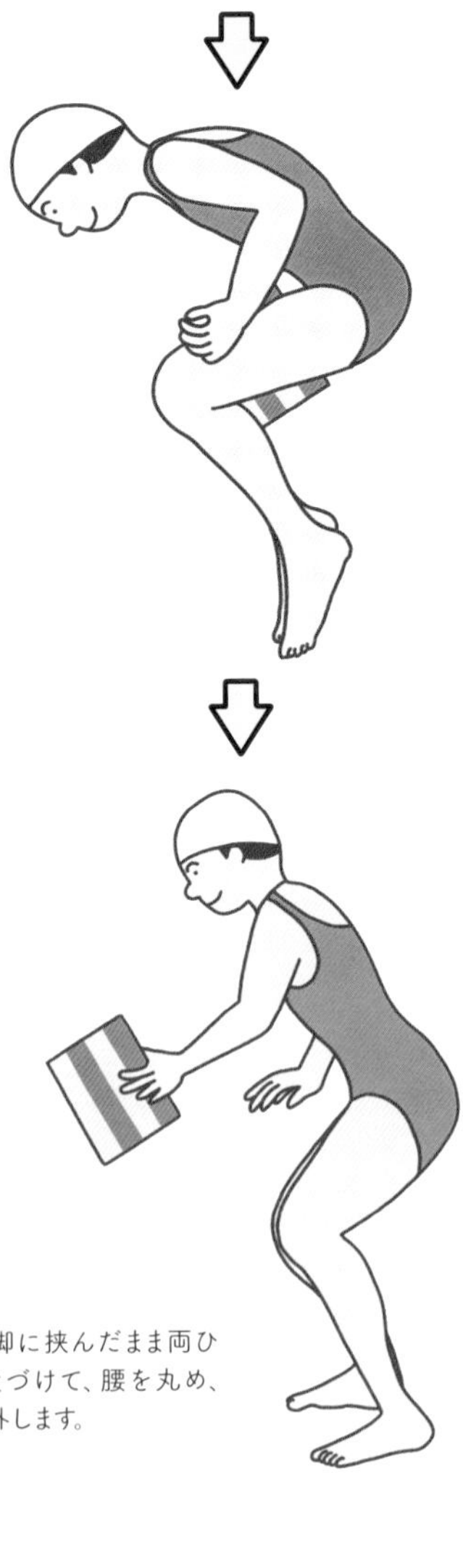

プルブイを脚に挟んだまま両ひざを胸に近づけて、腰を丸め、プルブイを外します。

補助具の使い方を知ろう

水泳の練習で使われる補助具にはビート板やプルブイ（浮き具）があります。

手で持って使い、おもに脚の練習をするのがビート板。小学校のプールの授業などで一度は使ったことがあるはず。

プルブイは太腿などに挟んで使います。下半身を浮かせることで腰やお尻の正しい位置を確認したり、上半身の姿勢を修正する目的にも使われます。

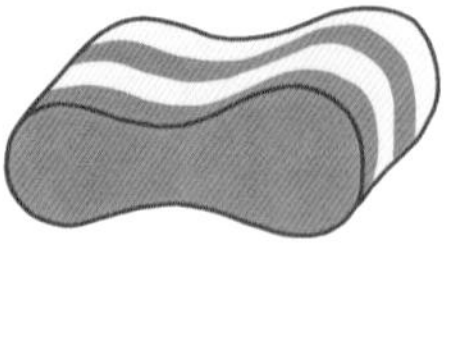

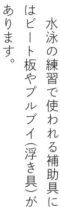

プルブイの挟み方

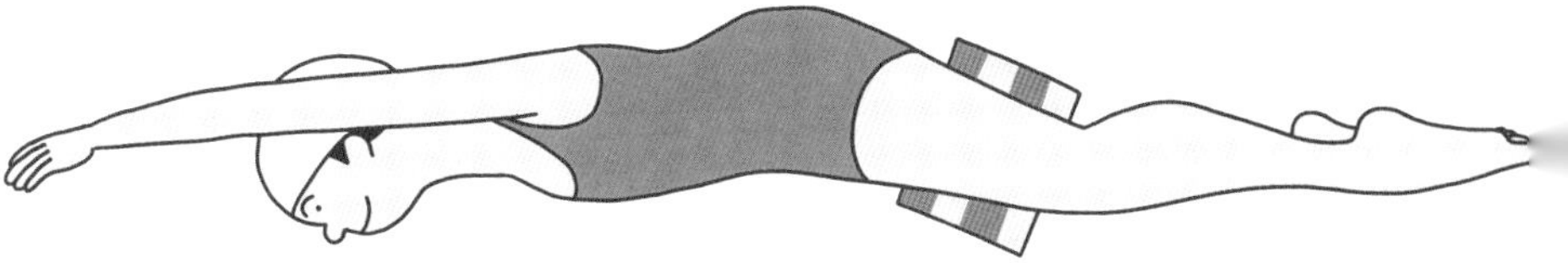

太腿の内側に力を入れて挟むのがポイント。プルブイをしっかり挟むことでお腹に力が入りやすくなります。

ビート板の使い方

顔を上げて使うとき

顔を上げると下半身が沈みやすくなります。それを防ぐためにビート板のふちをつかみ、ビート板が水平になるようにして使います。

顔を水につけて使うとき

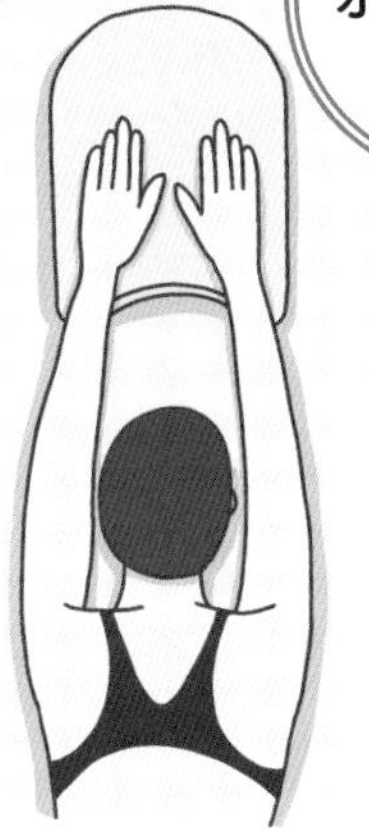

ビート板の真ん中あたりに手を置き、肘を伸ばして使います。肘が曲がってしまうと、下半身が沈みやすくなります。

動画でチェック！

初心者にもマスターズスイマーにもためになる情報!

コーチ教えて！ Q&A

Q 練習中はターンがうまくできるけど、試合でうまくできません。どうしたら？

A いつも右手でタッチするのにタイミングが合わない……そんなお悩みは多いですね。ターンの手前で調整してという指導者もいるようですが……私は泳ぎはじめる場所が違うのが原因と考えています。蹴伸び後手をかきはじめるとき（あるいはターンをして浮き上がったとき）が泳ぎはじめ。試合ではその場所が微妙にずれてターンが合わなくなる。同じ手でタッチターンするほうが泳ぎは安定するので、普段から同じ場所で泳ぎはじめることを意識してターン練習につなげてください。

Q クロールで呼吸をするとタイムが落ちてしまいます

A クロールの呼吸時にテンポが遅れるのは、マスターズスイマーにとってはよくあることです。呼吸動作を行うと約0・2〜0・3秒ぐらいテンポが遅れると言われていますが、テンポが遅れること自体、悪いことではありません。理由は、テンポが上がり下がりしないからです。しかし、4回に1回とか、6回に1回呼吸する場合は、ノーブレ(呼吸しない)の時間が長く入るため、テンポの上がり下がりが起こります。要するに泳いでいるときに加速と減速を繰り返しているんです。一度減速した泳ぎを加速するためにより多くのエネルギーが消費され、疲れる↓スピードが減速↓タイムが落ちるとなるのです。

ラスト5mでノーブレを入れるのは、体を浮かせ加速させる手段としてとても有効ですのでトライしてみてください。

ただし、楽に速く泳ぎたい前半で、エネルギーを無駄に使うのは避けたいところです。これを避けるため、スタート後にノーブレを入れ過ぎないようにしましょう。息継ぎをした状態でも速く泳げるように練習をするのがベストです。私もレースのときは、この作戦で100mや200mを泳いでいます。

呼吸動作自体を改善するというのもひとつの方法です。また、息継ぎで顔を上げられるのは、実際には0.3~0.4秒程度なので、その間に一気に空気をたくさん吸い込めるような呼吸機能も必要です。

コーチ教えて！ Q&A

Q 飛び込んだときに、ゴーグルが外れてしまうのですが……

A キャップを2枚使い、メッシュキャップ↓ゴーグル↓シリコンキャップの順でかぶるのが対策のひとつです。シリコンキャップでゴーグルのゴムを押さえつけるので、ゴーグルが取れづらくなります。他には、レース前の選手がよくやる方法があります。眉毛をあげ、鼻の下を伸ばしたままゴーグルをつけ、顔をもとに戻すのです。ゴーグルの上下が皮フで挟まれるので、飛び込みでゴーグルが多少ずれても大丈夫。

Q 試合前、ウォーミングアップで泳ぐと苦しくなることがあります。対策は？

A 息を吐いたり吸ったりするときには、鎖骨まわり、ろっ骨にある筋肉が使われます。ここがかたいままだと呼吸がしにくくなり、苦しくなるのです。胸を大きく開いてストレッチしたり、鎖骨まわりをマッサージしたりして、胸まわりの筋肉をゆるめましょう。ウォーミングアップとしてもぜひ取り入れてください。

Q

水泳は蹴伸びにはじまり、蹴伸びに終わる。と聞きますが蹴伸びってそんなに重要？

A

水泳選手は、ウォーミングアップの最終調整で必ず壁を蹴って蹴伸びをします。水泳は壁を蹴ったときに一番スピードがでます。初速のスピードをいかに速くし、勢いを殺さないように維持するか。大会では蹴伸びのよしあしが記録に反映されるのです。もちろん初心者にとっても蹴伸びは大切。蹴伸び＝泳がなくていい距離。上手な蹴伸びができれば、それだけ省エネになるので、疲れないで泳げるのです。

コーチ教えて！ Q&A

Q スカーリングのやり方がよくわかりません

A スカーリングは、揚力という力を生み出すためのドリル。手のひらを横に動かすことを「スイープ」と呼び、揚力はスイープで生まれる力のことです。スカーリングでは、水をとらえる感覚を養います。動かし方はよく「8（ハチ）の字」「∞（無限）の字」といわれますが、私がビギナーにお伝えするときに使う表現が「木の葉スカーリング」。手は中指を反らせて広げること。手のひらを下に向け、木の葉が落ちるように両手を左右にヒラヒラと動かすこと（ハーフパイプを行ったり来たりするスノボやスケボーのイメージ）で、指がぶるぶる揺れる（揚力が生じる）のがわかります。ぜひやってみてください。

Q 初心者なんですが、飛び込み練習で気をつけることは？

A

はじめて飛び込みをされる方の約9割は、スタート台に立つと「こんな高いところから飛び込むの……」と尻込みします。まずは恐怖心を減らすことが重要です。なぜなら、怖いと思うだけで腰が引けてしまい、胸や前腿を水面に打ちつけやすくなるからです。スタート台に立ったら、背筋を伸ばして視線を高くしてみてください。そのあとスタートの構えをするとぐっと視線が低くなり、水面が近くに見えて「思ったより低い、怖くないかも」と思えてきますよ。恐怖心対策としては、たくさん練習して慣れること。なのですが、飛び込み禁止のプールが多いためなかなか練習できないというのが実情です。スタートをイルカ飛びにして浮き上がりから泳ぎにつなげる練習をしましょう。

おわりに

本書を最後までお読みいただき、ありがとうございました。4泳法のコツ、おわかりいただけたでしょうか。ぜひ、プールに行って実際に自分の体で試していただきたいですね。

現在私はコーチという立場で水泳にかかわっていますが、現役時代よりも今のほうが水泳を心から楽しめている自信があります。レッスンを通してだけではなく、水泳の奥深さや水泳の楽しみ方をお伝えできたらと、noteで毎日水泳ブログを書いています。またYouTubeの「とらふぐチャンネル」では、スイムバラエティー動画を公開しています。

水泳の楽しみのひとつに「マスターズ競泳」があります。本書をしめくくるにあたって、それについて少しお話しさせてください。マスターズの会場は「水泳愛好家たちの同窓会」のような雰囲気です。マスターズ競泳での試合は「試し合い」（日頃の練習の成果を試すこと）です。優勝したからすごい、日本記録だからすごい、だけではありません。90歳以上の方が200m以上の距離を完泳。その姿に、会場全体から拍手が送られます。完泳した方にとっても、拍手を送った方にとっても、一生の思い出になる……マスターズの魅力はこんなところにあるのではないか、と私は思うのです。

思い返してみると、私が水泳をはじめたきっかけは、健康（ぜんそく治療）のためでした。0歳のときに親にプールへ通わせてもらえなかったら、今のような健康な体ではいられなかったかもしれません。みなさんにも10年後、20年後、そう思っていただけるよう、長く水泳を続けていただきたいですね。

そして合言葉は、

「100歳の誕生日をプールの中でお祝いしましょう！」

PROFILE

森 哲也（もり てつや）

スポーツインストラクター、生涯水泳指導員。マスターズ競泳チーム「とらふぐ」の監督
1982年4月生まれ、ぜんそく治療のため０歳から水泳をはじめ、中学、高校、大学と選手として競泳を続け、卒業後は警察官として勤務。「もう一生泳がない」と決めやめた水泳だったが、一念発起して水泳指導員の道を歩むことを決意。スポーツクラブでの水泳レッスンやプールを貸し切ってのプライベートレッスンなどに取り組み、指導歴は20年以上になる。「かなづちの哲学」を理念に、専門用語を極力使わない、泳げない人に寄り添った、わかりやすい教え方に定評がある。
○ 毎日更新！森せんせーの水泳ブログ　https://note.com/mori_swim/
○とらふぐチャンネル　マスターズ競泳チーム　youtube.com/@torafugu_ch

Special Thanks　専修大学水泳部（競泳）ヘッドコーチ 角田篤俊先生、
YouTuber水中家庭教師るい先生、日本ラクロールスイム協会代表理事 馬場浩希先生
動画撮影協力　ゴールドジム練馬高野台東京

STAFF
カバーデザイン　柴田紗枝（monostore）
本文デザイン　柴田紗枝（monostore）
イラスト　たけなみゆうこ
編集協力　和田方子
動画撮影　馬場岳人・佐藤創紀（朝日新聞出版　写真映像部）
編集　森香織（朝日新聞出版　生活・文化編集部）

100歳《さい》まで泳《およ》ぐための
大人《おとな》のやさしい水泳教室《すいえいきょうしつ》
動画《どうが》つき決定版《けっていばん》！

著　者　森　哲也
発行者　片桐圭子
発行所　朝日新聞出版
〒104-8011　東京都中央区築地5-3-2
（お問い合わせ）infojitsuyo@asahi.com
印刷所　中央精版印刷株式会社

ISBN 978-4-02-333410-6

定価はカバーに表示してあります。
落丁・乱丁の場合は弊社業務部（電話03-5540-7800）へご連絡ください。
送料弊社負担にてお取り替えいたします。